Johannes W. Rohen
Die funktionale Struktur von Mensch und Gesellschaft

Johannes W. Rohen

Die funktionale Struktur
von Mensch und Gesellschaft

Elementare Funktionsprinzipien
im menschlichen und sozialen Organismus

Verlag Freies Geistesleben

Der Autor

Johannes W. Rohen, geb. 1921, hat von 1964 bis 1974 an der Universität Marburg / Lahn und von 1974 bis 1991 an der Universität Erlangen / Nürnberg als Anatom gelehrt. Er ist ordentliches Mitglied der Akademie der Wissenschaften und der Literatur Mainz. Prof. Rohen gilt als einer der Begründer der funktionellen Richtung in der Anatomie, was sich in zahlreichen Lehrbüchern *(Funktionelle Anatomie des Menschen, Funktionelle Anatomie des Nervensystems)* niedergeschlagen hat. Im Verlag Freies Geistesleben ist seine *Morphologie des menschlichen Organismus* erschienen.

1. Auflage 2006

Verlag Freies Geistesleben
Landhausstraße 82, 70190 Stuttgart
Internet: www.geistesleben.com

ISBN-13: 978-3-7725-2063-1
ISBN-10: 3-7725-2063-4

© 2006 Verlag Freies Geistesleben
& Urachhaus GmbH, Stuttgart
Grafiken: Jörg Pekarsky
© Umschlagfoto: Fotosearch
Druck: Nomos, Sinzheim

Inhalt

Vorwort

In den letzten hundert Jahren haben sich die gesellschaftlichen Strukturen der Menschheit erheblich verändert, und zwar nicht nur in Europa, sondern in der Welt allgemein. Der Wohlstand großer Teile der Weltbevölkerung ist in den letzten Jahrzehnten außerordentlich gestiegen. Man kann heute, oft in kürzester Zeit, zu jedem Ort der Welt hinreisen, sich weiterbilden oder amüsieren. Wenn sich am «anderen Ende der Welt» ein Unglück oder eine Naturkatastrophe ereignet hat, können wir davon nahezu simultan unterrichtet werden, eventuell sogar auch unmittelbar helfen. In weiten Teilen der Weltbevölkerung hat sich ein Bewusstsein dafür entwickelt, dass die Erde ein lebendiger Organismus ist und nicht grenzenlos ausgebeutet werden darf. Umweltprobleme werden auf vielen Ebenen diskutiert und oft auch – entgegen hartnäckigen Widerstand – verantwortungsbewusst gelöst (H. v. Ditfurth[1], H. Buddemeier[2]).

Man darf jedoch nicht übersehen, dass durch den «entfesselten Welthandel», wie Chossudovsky sich ausdrückt, sowie das dramatische Wirtschaftswachstum, das Rudolf Steiner in seinen nationalökonomischen Vorträgen mehrfach mit einem Krebswachstum im menschlichen Organismus verglichen hat, in den letzten Jahren auch große gesellschaftliche Probleme entstanden sind. Die Staatsverschuldung, nicht nur in Europa, sondern auf der ganzen Welt, die Arbeitslosigkeit, die Kriminalität und die Unbildung, um nur einiges zu nennen, haben teilweise unvorstellbare Größenordnungen erreicht. Dass es so nicht weitergehen kann, dass es zu einem «Crash» kommen wird, wenn wir nicht rechtzeitig umzudenken lernen, ist in den letzten Jahren von vielen namhaften und hochrangigen Autoren betont worden (z.B. M. Chossudovsky[7], E. Altvater et al.[8], J.E. Stiglitz[9], B.A. Litaer[10], St. Leber[12] u.a.).

Die Menschen fühlen sich zunehmend verunsichert. Sie haben kein Vertrauen mehr, weder in das Geld noch in die Versprechungen der Politiker. Die Gesellschaft befindet sich in einem Umbruch. Die Menschen müssen verstehen lernen, worin dieser Umbruch besteht und was die Ursachen sind. Dabei geht es nicht nur «um die Zukunft der Weltwirtschaft», wie J.E. Stiglitz[9b] schreibt, sondern um die Zukunft der Menschheit schlechthin. Über der gegenwärtigen Menschheit liegen dunkle Schatten; aber man sagt ja (mit Recht): Wo viel Licht ist, ist auch viel Schatten.

Man könnte die gegenwärtige Situation daher auch so formulieren: Das «Licht» der Zukunft, das die Menschen ergreifen könnte, wenn sie es innerlich verstehen lernten, wirft heute seine langen und düsteren, für viele auch beängstigenden Schatten voraus. Intensität und Länge dieser Schatten, die in der Menschheitsgeschichte noch nie so groß waren, können aber auch als ein Hinweis auf die Fülle des (geistigen) Lichtes betrachtet werden, das für die Menschen heute erlebbar geworden ist, wenn sie sich dieser Herausforderung stellen und die im Kommen begriffenen neuen Fähigkeiten ergreifen würden. Als Hinweis darauf sollen – ohne Anspruch auf Vollständigkeit – einige wenige, aber zentrale Phänomene, die in dieser Form in früheren Zeiten der Menschheitsgeschichte nicht vorhanden waren, beschrieben werden.

Da wäre zum Beispiel in erster Linie die heute in ungewöhnlich hohem Maße erreichte **individuelle Freiheit** zu nennen. Noch nie hat der Einzelmensch gegenüber der Familie, der Gesellschaft, der Natur und der Umwelt so viel Freiheit besessen wie heute. Es sind nahezu alle Bande, die den Menschen an andere oder an anderes ketten, gelöst worden, was selbstverständlich wiederum auch Gefahren mit sich bringt. Der Mensch befindet sich im «Abgrund seiner Freiheit», wie es Otto Julius Hartmann[3] einmal formuliert hat.

Eine zweite Errungenschaft unserer Zeit ist der gewachsene **Bewusstseinshorizont**, der über alles hinausgeht, was die Menschheit je erlebt hat. Dass der Mensch z.B. vom «Weltraum» aus den eigenen Planeten beobachten kann, dass er den Mond betreten und die Planeten im Universum erforschen kann, dass er sich durch die modernen Kommunikationsmittel mit jedem Punkt der Erde nahezu simultan in Verbindung setzen kann, ist eine Erweiterung unseres wahrnehmenden Erlebens, die in keiner früheren Kultur erreicht worden ist. Würden diese Möglichkeiten in positiver Weise ergriffen, könnte sich daraus auch ein ganz neues Verantwortungsbewusstsein für unsere Erde (unser «Raumschiff» mit seinen zwangsläufig begrenzten Möglichkeiten) ergeben.

Damit im Zusammenhang steht auch ein Drittes, das allerdings noch nicht sehr ins Bewusstsein der heutigen Menschen getreten ist, nämlich das in dieser Form bisher noch nicht erlebte neuartige **Empfinden für Gerechtigkeit** und Rechtmäßigkeit – man könnte es auch **Gewissen** nennen. Interessanterweise beginnt sich dieses neue Rechtsbewusstsein vor allem bei der Jugend zu entwickeln. Der weltweite Protest bei Beginn des zweiten Irakkrieges kann durchaus auch als Zeichen eines erwachenden neuen Gerechtigkeitsempfindens gedeutet werden. Dass hier starke Kräfte gären und ins Bewusstsein drängen, ist keine Frage. Das sollte vor allem von der älteren Generation, die nur zu gerne in das «schon Bewährte und Frühere» zurückdrängt, berücksichtigt werden.

Wir wollen nun nicht in den Fehler verfallen, für die genannten negativen Phänomene punktuelle Ursachen anzuführen. Um unsere Zeit richtig zu verstehen, ist zunächst einmal ein Verständnis des Menschen selbst, seiner körperlichen und seelisch-geistigen Organisation notwendig. Aus dieser Sicht erscheint dann auch die Gegenwartsproblematik in einem neuen Licht. Offensichtlich ist die heutige Gesellschaft nicht so strukturiert, wie es dem Menschen, der in ihr leben und atmen soll, gemäß wäre. Um einsehen zu können, wo die Fehler liegen und in welche Richtung ein Umdenken und Umwandeln gehen müsste, brauchen wir eine Erkenntnis des Menschenwesens. – Nicht umsonst haben die großen Wirtschaftsmagnaten des Westens das neue Menschenbild, das Mitte des 19. Jahrhunderts durch die mechanistische Evolutionslehre von Charles Darwin u.a.[4] entstanden ist, begierig aufgegriffen, um die kapitalistische Gesellschaftsform der werdenden Industriestaaten zu rechtfertigen. Auch Marx und Lenin sind von einem klar definierten Menschenbild ausgegangen, das von ihnen immer als die wichtigste Voraussetzung für den Aufbau eines sozialistischen bzw. kommunistischen Staatswesens angesehen worden ist.

Hinter allen bisherigen Versuchen, ein neues gesellschaftliches System zu schaffen und den Menschen nötigenfalls dementsprechend umzu-

formen, stand eine bestimmte politische Konzeption und Zielrichtung.
In der Regel gingen dabei die erwähnten positiven Tendenzen unserer
Zeit, wie z.B. das Erleben der Freiheit, das Verantwortungsbewusstsein
für die Erde sowie das Rechtsbewusstsein (Gewissen) gegenüber unseren
Mitmenschen meist sehr rasch verloren, d.h. die proklamierte Menschlichkeit des Systems wurde in Wirklichkeit schnell zur Unmenschlich-
keit eines diktatorischen oder sogar terroristischen Regimes. Eine Lösung der Gegenwartsprobleme lässt sich aber finden, wenn man zuerst
einmal nach dem Wesen des Menschen selbst und nach der funktionalen
Gliederung seines Organismus fragt (J. W. Rohen[5,6]) und dann versucht,
für dieses Wesen auch einen geeigneten Lebensraum in einer ebenso
funktionsgerecht gegliederten Gesellschaft zu definieren. Das Bild einer
gesunden «funktionalen Gesellschaftsstruktur» kann sich in durchaus
überzeugender Weise aus dem Verständnis der funktionellen Prozesse ergeben, die innerhalb des menschlichen Organismus ablaufen. Dann wird
die Natur selbst zum Lehrmeister über die entsprechenden Funktionsprozesse, auch im sozialen Bereich. Wie weit dann solche Erkenntnisse
für die Gesundung unserer Gesellschaftsstrukturen Anwendung finden
können oder sollen, steht auf einem anderen Blatt.

Das vorliegende Buch soll lediglich als erster, bescheidener Versuch
aufgefasst werden, aus dem Verständnis der Funktionsprozesse inner-
halb des menschlichen Organismus Denkansätze zu gewinnen, die ein
Verständnis vergleichbarer Prozesse in der menschlichen Gesellschaft er-
schließen können, sind doch die sozialen Gestaltungen im Grunde vom
Menschen und für den Menschen gemacht, also gewissermaßen ebenfalls
«Naturprozesse». Ähnlich wie der Mensch krank wird, wenn falsche
Funktionsprozesse in seinem Organismus Platz greifen, kann auch die
Gesellschaft krank werden, wenn falsche Prinzipien zur Anwendung
kommen.

Man kann – und das ist die Grundüberzeugung, die zur Veröffent-
lichung dieses Buches geführt hat – aus den Erkenntnissen über Natur
und Wirkungsweise der normalen Funktionsprozesse im menschlichen
Organismus für das Verständnis vergleichbarer Prozesse im sozialen
Organismus und damit auch für die Heilung der heute so zahlreich
aufgetretenen pathologischen Prozesse viel gewinnen.

Möge diese Publikation die Diskussion um die dringend anstehenden Lösungen unserer gesellschaftlichen Probleme, um die heute von verschiedenen Seiten aus gerungen wird, einmal von ganz anderen Gesichtspunkten aus anregen und befruchten.

J. W. Rohen   *Erlangen, Pfingsten 2006*

1. Einleitung

Man braucht nicht Nationalökonomie studiert zu haben, um zu erkennen, dass in unserer Gesellschaft heute in vielen Bereichen falsche Begriffe zur Anwendung kommen. Bewusst oder unbewusst werden Begriffe zu Prinzipien erhoben, die bei genauerem Zusehen in den jeweilig propagierten Zusammenhängen schlichtweg falsch sind. Meist stehen Machtimpulse oder politische Interessen dahinter (vgl. bes. M. Chossudovsky[7]). Werden sie jedoch dessen entkleidet, zeigen sie sich in ihrer ganzen Unmöglichkeit. Im Folgenden werden uns manche Denkanstrengungen, die notwendig sind, diese Zusammenhänge zu durchschauen, nicht erspart bleiben.

Es seien hier einleitend nur einige Beispiele genannt. Da ist z.B. der Begriff «**Wachstum**». Er wird von Politikern und Wirtschaftsfachleuten immer wieder gebraucht, um auf die Notwendigkeit stärkerer Anstrengungen für die Beseitigung aktueller wirtschaftlicher Probleme hinzuweisen. Ja, Wachstum wird sogar als Gradmesser für die Gesundung bzw. Gefährdung wirtschaftlicher Prosperität selbst angesehen. Dabei vergisst man, dass Wachstum ein biologischer Begriff ist, der aus der Welt lebendiger Organismen stammt, und dass es in dieser Welt keine Vermehrung (wie auch immer) bis ins Unendliche geben kann, ja dass Wachstum als isolierter, einseitiger biologischer Prozess sogar lebensgefährdend werden kann, wie z.B. beim Krebswachstum. Genauer besehen hat das heute so vielfach beschworene Wachstum in der Wirtschaft tatsächlich viel mit einem karzinomatösen, lebenszerstörenden und nicht lebensfördernden Prozess zu tun, geht es doch einseitig nur um eine Vermehrung von Konsumtion und Produktion, d.h. letztlich nur um Profitsteigerungen, unabhängig von Umwelt und Arbeitswelt. Durch die damit meist parallel laufende Technisierung wird häufig nicht nur die Umwelt stärker belastet, sondern auch die Arbeitslosigkeit verschärft. Wie stark das Wachstum der internationalen Großunternehmen die staatliche Sicherheit heute schon untergräbt und die Lebensbedingungen vieler Länder systematisch zerstört, haben vor allem E. Altvater und B. Mahnkopf[8] in erschütternder Weise dargestellt (vgl. a. J.E. Stiglitz[9]).

Über das krankhafte Wachstum der Wirtschaft und seine Folgen für das Währungssystem schreibt Lietaer[10]: «In den 30 Jahren nach der Auflösung des Abkommens von Bretton Woods (1971) ist das Wirtschaftswachstum in den Industrieländern um ein Drittel zurückgegangen. Die Zahl der internationalen Währungskrisen ist dagegen deutlich gestiegen ... Nach Zahlen, die der Weltbank vorliegen, machten 69 Länder seit Ende der Siebziger Jahre ernsthafte Bankkrisen durch und 87 Länder erlebten seit 1975 einen Verfall ihrer Währungen ...»

Lietaer spricht von der «zerstörerischen Wirkung unseres Geldsystems», jedoch nicht, ohne auf mögliche Alternativen hinzuweisen. Wir kommen darauf unten noch zurück (s. S. 79, 85).

Ein anderer, fast prophetisch hochstilisierter Begriff ist der der **Globalisierung**. Auch hier gibt es begeisterte Befürworter und fanatische Gegner. Es ist unzweifelhaft, dass die Wirtschaft als solche globalen Charakter hat – selbst wenn sie in dörflicher Einsamkeit beginnen sollte, würde sie immer die Tendenz haben, weltweite Ausdehnung zu gewinnen. Dies ist ein natürlicher, in der Sache begründeter Entwicklungsprozess, der sich historisch gut belegen lässt. Die Globalisierung heute ist aber viel mehr als die natürliche Internationalisierung der Wirtschaftsprozesse. Wie beim «Wachstum» wird hier ein leicht einsehbarer Begriff vorgeschoben, um die weltweiten Machtinteressen der großen Wirtschaftskonzerne zu verschleiern. Der z.T. erbitterte Widerstand verschiedener Institutionen, insbesondere der sog. Zivilgesellschaften (vgl. z.B. N. Perlas[11]), gilt nicht der natürlichen Globalisierung der Wirtschaft als solcher, sondern der skrupellosen Machtpolitik wirtschaftlicher Großkonzerne, die ihre Absatzmärkte, oft auf Kosten von Recht und Sitte, vergrößern wollen – wiederum mehr ein karzinomatöser als ein natürlicher Wachstumsprozess (vgl. M. Chossudovsky[7]).

Kein Geringerer als Joseph Stiglitz[9], langjähriger Berater des US-Präsidenten Clinton, hat kürzlich wieder auf die «Schattenseiten» der Globalisierung hingewiesen. Die Macht der sich global ausbreitenden

Wirtschaftsunternehmen werde, vor allem in den Entwicklungsländern, nicht nur zur Entmachtung der lokalen Regierungen, sondern auch zu Arbeitslosigkeit und Verelendung der Bevölkerung führen. In erschütternder Weise hat Chossudovsky[7] die Auswirkungen der Globalisierung in zahlreichen Ländern Afrikas, Süd- und Südostasiens, Lateinamerikas, des Balkans und Russlands zur Darstellung gebracht und mit Zahlen belegt. Hunger, um nur ein Beispiel aus diesem umfassenden Werk zu nennen, ist heute keine Konsequenz von Nahrungsmittelknappheit mehr, sondern wird «durch das globale Überangebot von Getreide ausgelöst». So ist in Somalia «seit den 80iger Jahren der Getreidemarkt unter Aufsicht der Weltbank dereguliert worden, die Getreideüberschüsse der USA wurden systematisch eingesetzt, um die Bauern zu ruinieren und die nationale Nahrungsmittelproduktion zu destabilisieren».

Auch Perlas kritisiert die «elitäre Globalisierung», durch die die lokalen Wirtschaftssysteme zerstört würden, wie im menschlichen Organismus das Wachstum eines Tumors die gesunden Organe vernichtet. Sie zerstöre nach und nach das ganze soziale Leben und bringe uns «die sechs Flüche des Wachstums als Arbeitslosigkeit, Rücksichtslosigkeit, Zukunftslosigkeit, Wurzellosigkeit, Sprachlosigkeit und Sinnlosigkeit» (N. Perlas[11]). Die unkontrollierten Wachstumsprozesse der global expandierenden Wirtschaftsunternehmen ließen sich nur «zähmen» durch eine dritte Kraft, nämlich die kulturschöpferischen Zivilgesellschaften. Wir werden auf diese Problematik zurückkommen (s. S. 102).

Ein dritter Begriff, der einleitend hier nur am Rande erwähnt werden soll, ist der des **Privateigentums** in der Wirtschaft. Der Eigentumsbegriff in seiner heutigen Form hat sich erst in der Neuzeit, vor allem im Zusammenhang mit der (für unseren Kulturkreis eigentlich völlig unpassenden) Einführung des römischen Rechtes, etabliert. Bei den Römern bedeutete *privatum* das Geraubte. Die römischen Cäsaren erlaubten den Soldaten, alles, was sie bei ihren Kriegszügen erbeutet hatten, «privat» zu behalten. Privatbesitz im heutigen Sinne gab es bei den Römern im Grunde nicht. Im Mittelalter wurden die Fürsten vom König «belehnt» und verwalteten ihre Grafschaften, Herzogtümer usw. als Lehen. Privatbesitz im heutigen Sinne war das auch nicht. Die Vorstellung, dass ein Unternehmer die Fabrik, die er aufgebaut oder ererbt hat, als persönliches Eigentum betrachten kann, ist ein Ergebnis der Neuzeit, vor allem nach Beginn der Industrialisierung in England (im 18./19. Jahrhundert). Mit welchem Recht kann ein Unternehmer einen Betrieb, an dessen Aufbau doch fast immer viele Menschen mitgewirkt haben, als sein Privateigentum betrachten, d.h. ihn vererben, verkaufen, auf andere Eigentümer (auch Familienangehörige) übertragen usw.? (vgl. bes. Leber, Bd. 5[12]). Werden denn beim Verkauf eines Unternehmens außer Maschinen nicht auch Menschen mit verkauft? Durch diesen sachlich durch nichts zu begründenden Eigentumsbegriff hat wieder etwas in die moderne Gesellschaft Einzug gehalten, was man mit der Sklaverei des Altertums vergleichen kann. Hier werden falsche, funktionell nicht sachgemäß zu begründende Begriffe verwendet, die – wie wir täglich an den immer stärker werdenden Konzentrationsprozessen in der Wirtschaft erleben – viel Schaden, ja Zerstörung anrichten.

Ein letztes Beispiel sei noch aus einem ganz anderen Gebiet genommen, nämlich aus dem Kultur- und Geistesleben. Es handelt sich um die sog. «**Freiheit in Forschung und Lehre**». Diese ist sogar im Grundgesetz verankert. Aber wie anders sieht die Wirklichkeit aus. Weder an den Schulen noch an den Universitäten sind die Lehrenden wirklich frei. Die Lehrpläne, die Unterrichtsinhalte, die Prüfungsmodalitäten und vieles andere mehr werden genauestens vom Staat vorgeschrieben. Der Staat hängt sich in alles hinein und regelt (vom grünen Tisch aus) bis ins Kleinste alle Dinge, die im Grunde nur (in Freiheit) der Lehrende und Prüfende selbst entscheiden kann. Im Gesundheitswesen sind die staatlichen Eingriffe z.T. noch dramatischer. Therapiefreiheit, freie Arztwahl usw. sind längst zu leeren Begriffshülsen geworden.

Auch das ist ein Krankheitssymptom unserer Zeit, dass wir alles vom Staat fordern. Immer neue Forderungen werden an den Staat gerichtet, ohne zu bedenken, dass der Staat innerhalb der Gesellschaft nur **eine** Aufgabe hat, nämlich gesetzliche Regelungen zu schaffen, nicht aber die Funktionen selbst zu übernehmen. Wenn man an den Staat Forderungen richtet, bedenkt man meistens nicht, dass der Staat kein «Vater» ist, der Geld verdient und es an seine «Kinder» verteilen kann, sondern dass wir bei jeder Forderung primär selbst betroffen sind, d.h. dem Staat dasjenige Geld (z.B. durch Steuern) selbst erst geben müssen, das dieser dann verteilt – oder anders ausgedrückt: Jede an den Staat gerichtete Forderung ist im Grunde an uns selbst bzw. an unsere Mitmenschen gerichtet, die letztlich die erhobenen Forderungen begleichen müssen.

Das Überborden der staatlichen Machtansprüche ist somit im Grunde nichts anderes als das Resultat falscher Begriffe. Statt die Funktionen (unabhängig vom Staat) selbst zu übernehmen, halsen wir diese dem Staat auf, der nach ganz anderen funktionellen Prinzipien arbeiten sollte.

Die Liste der in der heutigen Gesellschaft falsch oder halbrichtig angewendeten Begriffe und Prinzipien ließe sich noch um ein Vielfaches erweitern. Es geht aber nicht primär darum, Kritik an den heutigen Zuständen zu üben, sondern Funktionsprinzipien aufzuzeigen, die – wie im gesunden menschlichen Organismus – richtig sind und die – nach dem Vorbild biologischer Prozesse – auch in den gesellschaftlichen Strukturen anwendbar wären, ohne Krankheitsphänomene hervorzurufen. Wie weit man dann solche als richtig erkannten Prinzipien in die Praxis umsetzen und erproben will, ist eine Problematik, die nicht Gegenstand dieses Buches sein soll.

2. Funktionelle Dreigliederung der Lebensprozesse des menschlichen Organismus

Man kann die Lebensprozesse des menschlichen Organismus auf jeder Ebene (Zellen, Gewebe, Organe) ins Auge fassen. Um jedoch eine Vergleichsmöglichkeit mit den Prozessen des sozialen Organismus zu gewinnen, darf man nicht Menschen mit Zellen vergleichen oder Analogien aufbauen, etwa in der Form: Stoffwechselorgane sind mit der Wirtschaft, Nervenorgane mit dem Kulturbereich zu vergleichen. Man kommt bei dieser schwierigen Problematik nur weiter, wenn man die Prozesse selbst zu erfassen versucht und nicht bei einzelnen Organen oder Zellgruppen stehen bleibt.

Im menschlichen Organismus kann man drei elementare Funktionssysteme unterscheiden, die – obwohl teilweise polar zueinander organisiert – durch den Organismus zu einer Ganzheit zusammengefügt sind, sog. Dreigliederung des Organismus (vgl. Rohen[5,6]). Das sind auf der einen Seite das Nervensystem, auf der anderen das Stoffwechselsystem, dem auch die Bewegungsorgane hinzugerechnet werden müssen, und schließlich als Drittes das Herz-Kreislaufsystem, das mit dem Atmungssystem eine funktionelle Einheit bildet.

Im **Nervensystem**, dessen Zentrum das Gehirn darstellt, herrschen Informationsprozesse vor. Die Sinnesorgane ermöglichen die Wahrnehmung von Reizen aus der Umwelt. Aber auch aus der Innenwelt des Körpers kommen Reize, die im sog. vegetativen Nervensystem wahrgenommen und verarbeitet werden. Das vegetative Nervensystem ermöglicht einen Informationsaustausch zwischen den Organen und regelt dadurch die Organprozesse. Das zentrale Nervensystem mit den Sinnesorganen regelt die Beziehungen des Menschen zur Umwelt. Im einfachsten Falle entstehen Reflexe, in komplizierteren Zusammenhän-

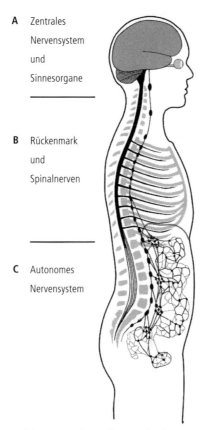

A Zentrales
Nervensystem
und
Sinnesorgane

B Rückenmark
und
Spinalnerven

C Autonomes
Nervensystem

Abb. 1. Funktionelle Dreigliederung
des Nervensystems (nach J.W. Rohen[15]).

gen langwierige «Überlegungen» zu z.B. komplexeren Verhaltensweisen, etwa bei einer künstlerischen oder handwerklichen Tätigkeit. Das
Zentrum des Nervensystems und der großen Sinnesorgane liegt im
Kopfbereich. Nerven finden sich aber im gesamten Körper. Von der
Darmwand bis zur Haut sind alle Organe durch Nerven und Nerven-
zellen miteinander verbunden, sodass ein regelnder und gestaltender Informationsaustausch zwischen ihnen vonstatten gehen kann. Insgesamt
weist also das Nervensystem einen dreigliedrigen Aufbau auf (Abb. 1).
Im Kopfbereich ist das Nervengewebe auf engem Raum konzentriert,

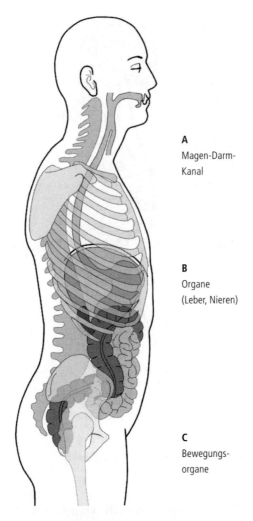

A
Magen-Darm-
Kanal

B
Organe
(Leber, Nieren)

C
Bewegungs-
organe

Abb. 2. Funktionelle Dreigliederung des Stoffwechselsystems.

während es innerhalb der Körperhöhlen und Körperorgane netzförmig ausgebreitet ist (autonomes Nervensystem). Das Rückenmark, das beide Bereiche gewissermaßen als ein «Mittleres» miteinander verbindet, zeigt demgegenüber mehr eine rhythmische (segmentale) Struktur, wie sie allein schon an der regelmäßigen Aufeinanderfolge der Rückenmarksnerven (Spinalnerven) abgelesen werden kann (Abb. 1; vgl. bes. Rohen[15]).

Demgegenüber liegt der funktionelle Schwerpunkt des **Stoffwechsel-systems** auf der Auseinandersetzung des Körpers mit der Stofflichkeit. Durch den Darmtrakt nehmen wir Stoffe aus der Umwelt auf, die wir aber nicht einfach als solche in den Körper einbauen, sondern erst vollständig bis auf ihre Elementarbausteine abbauen (bei den Eiweißkörpern z.B. bis zu den Aminosäuren), um sie dann als körpereigene Stoffe selbst wieder aufzubauen. Dadurch werden die Lebens- und Wachstumsvorgänge innerhalb des Organismus stimuliert und für die körpereigenen Stoffwechselvorgänge verwendbar gemacht.

Die im Darmsystem aufgenommenen Stoffe werden zunächst zur Leber transportiert, das große Stoffwechselorgan der Bauchhöhle, wo die Resynthese der Nahrungsstoffe und gegebenenfalls auch eine Entgiftung von Fremdelementen stattfindet (Abb. 2). Über das Blut erfolgt dann die Verteilung der neu gebildeten Stoffe im Körper. Abbauprodukte bzw. Endprodukte des Stoffwechsels werden durch die Nieren, aber auch durch den Darm ausgeschieden.

Während das Nervensystem gestaltgebende Steuerungen durch Austausch von Informationen bewirkt, unterhält das Stoffwechselsystem die Lebensfähigkeit des Organismus durch Stoff- und Energieumsätze, die besonders bei den körperlichen Bewegungen sowie den Wachstums- und Regenerationsvorgängen eine Rolle spielen.

Stoffwechsel- und Nervensystem sind daher funktionell polar, d.h. in jeder Beziehung gegensätzlich organisiert. Sie können im Organismus in dieser Gegensätzlichkeit nur nebeneinander bestehen bzw. auch zusammenarbeiten, wenn sie durch ein drittes Elementarsystem, nämlich das **Zirkulations- und Respirationssystem**, zusammengehalten werden. Atmung und Kreislauf arbeiten rhythmisch, weshalb man dieses System auch als rhythmisches **Transport- und Verteilungssystem** bezeichnet hat (vgl. J. W. Rohen[5,6]; Abb. 3). Die im Darm aufgenommenen Elementarbausteine der Nahrung werden mit Hilfe des Blutgefäßsystems zur Leber transportiert, wo u.a. die Resynthese der Nahrungsstoffe erfolgt. Die neu gebildeten Stoffe können dann durch das Blutgefäßsystem im Körper verteilt und zu denjenigen Geweben transportiert werden, die

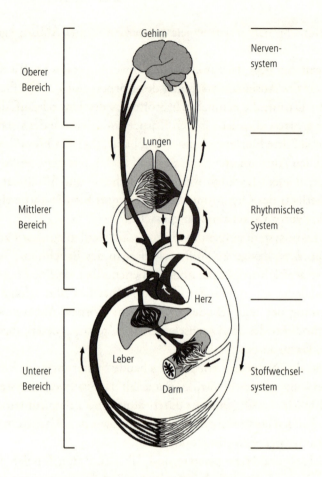

Oberer Bereich	Gehirn — Nervensystem
Mittlerer Bereich	Lungen — Rhythmisches System
Unterer Bereich	Herz, Leber, Darm — Stoffwechselsystem

Abb. 3. Aufbau des menschlichen Zirkulationssystems mit drei funktionellen Bereichen.
Hell = Gefäße mit arteriellem Blut, dunkel = Gefäße mit venösem Blut

diese Stoffe für ihre Funktionen benötigen (z.B. Muskulatur). Nicht benötigte Stoffe können auch gespeichert werden (z.B. im Fettgewebe), werden aber in der Regel ausgeschieden (Exkretionssystem). Der innerhalb der verschiedenen Organe ablaufende Stoffwechsel setzt also immer eine funktionsfähige Blutzirkulation voraus.

Eine weitere wichtige Voraussetzung für die Stoff- und Energieumsätze

22

im Körper ist der Gasaustausch, der durch das **Atmungssystem** (Atemwege, Lungen) ermöglicht wird. Die Blutgefäße bilden in allen Organen ein feingliedriges Netzwerk dünnwandiger Gefäße (Haargefäße oder Kapillaren), durch die nicht nur der Stoffaustausch, sondern auch der Gasaustausch mit dem Gewebe erfolgt. Der Gasaustausch ist eine Grundvoraussetzung für die «Verstoffwechselung» der energieliefernden Substanzen. Der mit der Atmung aufgenommene Sauerstoff wird von den roten Blutkörperchen (Erythrozyten) zum Gewebe hin transportiert und diffundiert dort durch die Wand der Kapillaren zu den Zellen, in denen dann die Nährstoffe (vor allem Kohlenhydrate und Fette) «verbrannt» werden, wobei Energie verfügbar wird, die für die jeweiligen Zellfunktionen, z.B. Muskelkontraktionen, intrazelluläre Pumpvorgänge, Syntheseleistungen aller Art usw. benötigt wird. Die bei diesen inneren «Verbrennungsvorgängen» gebildeten Abbauprodukte, vor allem Kohlensäure, diffundieren dann, dem innergeweblichen Konzentrationsgefälle folgend, ins Blut, das für ihren Abtransport sorgt. Der äußeren Atmung (Ventilation), die in der Sauerstoffaufnahme und Kohlensäureabgabe durch die Lungen besteht, steht also eine innere Atmung (Gewebsatmung) gegenüber, durch die letztlich die Energieumsätze im Gewebe unterhalten werden (Gewebsstoffwechsel; Abb. 3).

Auch das **Herz-Kreislaufsystem** weist eine funktionelle Dreigliederung auf. Im Zentrum des Systems befindet sich das Herz, das nicht nur rhythmische Kontraktionen ausführt, sondern auch die räumliche und zeitliche Ordnung der Blutströme bewirkt. Die Blutströmungen gehen vom Herzen hauptsächlich in drei Richtungen, nämlich einmal in Richtung der Lunge (sog. kleiner Kreislauf), um die Atmungsprozesse zu ermöglichen, zum zweiten aber auch zum Kopf, um den zentralen Teil des Informationssystems funktionsfähig zu erhalten, und drittens zu den Körperorganen und Gliedmaßen, in denen die Stoffwechselvorgänge vonstatten gehen (Abb. 3). Das Herz bildet in diesem System eine die Strömungen ordnende und unterhaltende Mitte, d.h. es ist keine mechanische Pumpe, sondern ein gestaltendes Lebenszentrum für den gesamten Blutkreislauf und damit auch für den Organismus als Ganzen.

3. Struktur des sozialen Organismus

Auch in der Gesellschaft lassen sich drei große elementare Funktionsbereiche erkennen, die grundsätzliche Funktionsunterschiede aufweisen und nach jeweils anderen Prinzipien arbeiten bzw. arbeiten sollten. Der erste Bereich umfasst alles, was mit ideellen Werten zu tun hat und unter dem Begriff des **Kultur- und Geisteslebens** zusammengefasst werden kann. Dazu gehören neben der reinen Forschung auch Kunst, Lehre und Ausbildung sowie letztlich auch Religion und Ethik. Ein zweiter großer Funktionsbereich ist der der **Wirtschaft**. Wirtschaft im engeren Sinne ist eigentlich nur Warenherstellung (Produktion), Warenverbrauch (Konsumtion) und Warenaustausch (Handel). Die mit dem Geldwesen zusammenhängenden Prozesse sollten dagegen einem anderen, nämlich mittleren Bereich zugeordnet werden. Die Zirkulation des Geldes ist in vieler Hinsicht der Zirkulation des Blutes im menschlichen Organismus vergleichbar. Wir kommen darauf noch zurück.

Ein dritter Funktionsbereich ist schließlich das **Rechtssystem**, repräsentiert vor allem durch den Staat. Im politischen Bereich zirkulieren keine Waren, aber auch keine Ideen, sondern Rechte, die für alle in gleicher Weise Geltung haben. Rechte und Pflichten sollten sich die Waage halten, sodass ein rhythmisches Gleichgewicht in der Gesellschaft entsteht. Der Staat sollte für die Wahrung der Rechte sorgen und damit Rechtssicherheit schaffen, sodass sich in der Gesellschaft Ordnungsstrukturen ausbilden können.

Gegen Ende des ersten Weltkrieges forderte R. Steiner[16,17] eine funktionelle Dreigliederung der Gesellschaft, in dem Sinne, dass diese drei großen Funktionsbereiche unabhängig voneinander arbeiten und selbstständig sein sollten, da ihre Funktionsprinzipien ganz unterschiedlich sind und sich nur unabhängig voneinander störungsfrei entwickeln könnten. Bereits während der Französischen Revolution (1789) kam die Idee auf, den

Einheitsstaat, d.h. den Feudalstaat der damaligen Zeit, abzuschaffen und den Menschen durch die Einführung von drei großen Prinzipien, nämlich Freiheit (liberté), Gleichheit (égalité) und Brüderlichkeit (fraternité), ein menschenwürdiges Leben innerhalb der Gesellschaft zu ermöglichen. Aber schon in den ersten Jahren der Französischen Revolution stellte sich heraus, dass diese drei großen Prinzipien einander zum Teil widersprechen und sich in der Gesellschaft, wenn diese so einheitlich bleibt wie im alten Feudalstaat, nicht ohne weiteres verwirklichen lassen. Wenn die Menschen wirklich frei sind, werden sie unterschiedlich handeln, verschiedene Bedürfnisse haben, unterschiedliche Religionsgemeinschaften bilden usw., jedoch niemals gleich sein oder sich gleichmachen lassen. Die Gleichmacherei, wie sie auch heute noch durch die sozialistisch orientierten Köpfe geistert, läuft dem Freiheitsbedürfnis der Menschen zuwider. Beides verträgt sich nicht ohne weiteres. Ebenso kann eine schrankenlose Freiheit, z.B. im Wirtschaftsbereich, dem Prinzip der Brüderlichkeit zuwiderlaufen. In der Wirtschaft würde die absolute Freiheit zur Ausbeutung der wirtschaftlich Schwächeren durch die wirtschaftlich Stärkeren führen. Der nach Gewinn strebende Geschäftsmann würde in der «Brüderlichkeit» nur eine sentimentale, geschäftsschädigende Schwäche sehen und diese höchstens für die Kollekte am Sonntag in der Kirche aufsparen, um das Gesicht zu wahren, im Wirtschaftskampf des Alltags aber nach anderen Prinzipien handeln.

Geht man zunächst davon aus, dass die drei oben charakterisierten Funktionsbereiche – ähnlich wie im menschlichen Organismus – unabhängig voneinander wirken können, ergibt sich sofort eine (faszinierende und Begeisterung weckende) Lösung dieser Probleme. Im Kultur- und Geistesleben müsste die Freiheit, im staatlichen Bereich die Gleichheit und in der Wirtschaft die Kooperation, d.h. das Miteinander («Brüderlichkeit») das jeweils vorherrschende, funktionsgerechte Prinzip sein, damit die drei großen Systeme gesund arbeiten und sich voll entfalten können.

Das **Kultur- und Geistesleben** benötigt die Freiheit, um sich produktiv entwickeln zu können. Wird der Wissenschaft eine politische Zwangsjacke angelegt, wird der Lehre in Schulen, Universitäten, Kirchen oder im Publikationswesen eine von außen kommende Vorgabe gemacht, d.h. wird die Freiheit im kulturellen Bereich, ohne dass es von der Sache her gerechtfertigt ist, beschnitten, stagniert dieser Teil des gesellschaftlichen Zusammenlebens, wie das ja jedem Bürger während der Zeit des Nationalsozialismus oder des Bolschewismus, z.T. in sehr krasser Form vor Augen geführt worden ist. Im Kultur- und Geistesleben muss Freiheit und damit auch konkurrierender Wettbewerb herrschen. Die Besten, die der Wahrheit am nächsten kommen oder die das Beste zu leisten vermögen, sollten auch die führenden Stellungen innehaben und die noch Lernenden ausbilden. Durch den Wettbewerb um die jeweils beste Leistung ergibt sich in allen Bereichen des Geisteslebens eine natürliche Hierarchie, die durchaus gesund ist und auf dem Ansehen (Renommee) der jeweiligen Leistungserbringer beruht. Dadurch können die weniger Erfahrenen und noch nicht so Tüchtigen zu höheren Leistungen angespornt werden. Wenn das Prinzip der Freiheit voll verwirklicht ist, wirken Konkurrenz um Ansehen und Leistung auch nicht degradierend; denn ein Mensch, der auf einem Gebiet noch auf einer unteren Sprosse der Leiter steht, kann auf einem anderen Gebiet schon auf einer höheren Stufe stehen. So wird er in seiner Menschenwürde nicht beeinträchtigt, wenn er sich einem anderen unterordnet, d.h. dem Denken und Können eines anderen folgt, denn die Kriterien der «Rangordnung» stammen aus objektiven, geistigen Bereichen und nicht aus menschlicher Willkür oder gar politischer Diktatur.

Das Grundgesetz der BRD, das in einer «Sternstunde der Deutschen Geschichte» (K. Buchleitner[18]) nach dem 2. Weltkrieg in Bonn (23. Mai 1949) verabschiedet worden ist, sagt: «Kunst, Wissenschaft, Forschung und Lehre sind frei.» In Artikel 4 heißt es weiter: «Die Freiheit des Glaubens, des Gewissens, des religiösen und weltanschaulichen Bekenntnisses sind unverletzlich.» In Artikel 6 wird auch die Freiheit der Erziehung und in Artikel 12 sogar die der Berufs- und Arbeitsplatzwahl garantiert. Ist aber, so kann man fragen, in unserer Gesellschaft heute diese Freiheit von Forschung und Lehre, von Erziehung und Berufsausübung wirklich vorhanden? Ist die «Freiheit» tatsächlich das unser Kultur- und Geistesleben beherrschende Prinzip? Bei weitem nicht! Im Gegenteil, die Schulen und Universitäten sind staatlich. Politiker bestimmen die Studien- und Lehrpläne, ja sogar die Formen und Inhalte (!) der Lehre und Prüfungen. Die sogenannte Bildungspolitik bildet für viele Parteien ein Kernstück ihrer Programme. Die Vertreter des Geisteslebens sind größtenteils Beamte des Staates, sodass der natürliche Wettbewerb weitgehend ausgeschaltet und der Leistungszwang gehemmt wird. Entscheidende Positionen des Geisteslebens werden nach politischen Kriterien vergeben. In vielen Fällen spielen wirtschaftliche oder sogar militärische Gesichtspunkte bei der Förderung und Gestaltung des Geisteslebens eine entscheidende Rolle. Wer würde z.B. glauben, dass mehr als die Hälfte der in den USA arbeitenden Mathematiker direkt oder indirekt an militärischen Projekten arbeiten und vom Pentagon abhängig sind. Und wie viel Geld fließt letztendlich aus der Industrie in die Forschung, deren Vertreter dadurch in eine direkte oder indirekte Abhängigkeit von ihren Geldgebern geraten. Es ist richtig, dass ein gewisser Freiraum an Schulen, Universitäten, Theatern usw. immer noch vorhanden ist, aber dieser wird tendenziell geringer, insbesondere durch die Art der Finanzierung und durch die Gestaltung der Rechtsverhältnisse. Die das Kultur- und Geistesleben beherrschenden Mächte sind heute – das kann man ohne Übertreibung sagen – Politik und Wirtschaft. Die im Kulturbereich lebenden, auf Freiheit angelegten Eigengesetzlichkeiten kommen zu wenig zur Geltung, sodass das Kultur- und Geistesleben ein Kümmerdasein führt und weitgehend fremdbestimmt ist. Für die Erziehung unserer Kinder, für die kulturelle Bildung und Entwicklung unserer geistigen Fähigkeiten haben wir weder Zeit noch Geld. Dagegen fließt das Geld in andere Bereiche (z.B. in militärische, entwicklungs- oder machtpolitische Bereiche), wo es keine realen Früchte trägt.

In einer funktionsgerecht geordneten Gesellschaft sollten sich die Vertreter des Kultur- und Geisteslebens frei entfalten können und bei ihrer Arbeit nur den objektiven Gesetzen ihrer Arbeitsbereiche unterworfen sein. Eine freie Wissenschaft muss die Weltgesetzlichkeiten ans Licht bringen, ob es den Politikern oder Wirtschaftsmagnaten ins Konzept passt oder nicht. Hier sollten allein die Wahrheitsgesetze und nicht Wünsche oder Machtinteressen gelten. Durch die Orientierung am objektiv Geistigen weitet sich auch der Blick der im Kultur- und Geistesleben schaffenden Menschen selbst weiter aus, sodass die individuellen Fähigkeiten, über die jeder ja nur in beschränktem Umfang verfügt, zur Entfaltung kommen können. Durch die materialistische Grundeinstellung vieler Wissenschaftler, Lehrer oder sogar Priester wird heute das Interesse weitgehend auf die materiellen Zusammenhänge gerichtet («homo faber»). Die übergeordneten, ganzheitlichen Beziehungen bleiben unberücksichtigt und der Mensch als seelisch-geistiges Wesen («homo sapiens») wird mehr oder weniger an die aus dem Materiellen stammenden Bedürfnisse «versklavt». Echte Bildung ist wenig gefragt und statt der Ausbildung von Fähigkeiten (die immer auch «Schweiß» kostet) will man nur berufsrelevante (möglichst bald auch geldbringende) Fertigkeiten erzielen. Würden aber beispielsweise durch ein freies Erziehungswesen bereits in der Schule die «geistigen Bedürfnisse» in den Kindern geweckt und käme der heranwachsende Mensch während seiner Erziehungsperiode zu einem echten Erlebnis seiner individuellen geistig-seelischen Natur, würden sich auch im späteren Leben ganz andere Bedürfnisse regen. Die Vertreter des Kultur- und Geisteslebens müssten aber zunächst die «Freiheit» ihrer Institutionen vom Staat oder die Befreiung von anderen, wesensfremden Einflüssen wirklich wollen, d.h. diesen Freiraum dem Staat, der sicher nicht freiwillig auf seine sogenannte Kulturhoheit verzichtet, abtrotzen. Wirklich freie Schulen, freie Universitäten oder Kultureinrichtungen müssten ihre Bildungsideale, ihre Erziehungsmethoden und Lerninhalte frei gestalten, d.h. ganz aus den geistigen oder pädagogischen Gesichtspunkten heraus selbst entwickeln können. Dies aber müsste in erster Linie von den Vertretern dieser Institutionen selbst gewollt und angestrebt werden.

Im **Wirtschaftsleben** dagegen sollte, wenn es sich unabhängig von den anderen Funktionsbereichen der Gesellschaft, sich selbst verwaltend, entfalten kann, das kooperative Miteinander und Füreinander, d.h. die «Brüderlichkeit» das funktionsgerechte und vorherrschende Prinzip darstellen. So wie das kulturelle Leben die geistig-seelischen Bedürfnisse, sollte das Wirtschaftsleben die materiellen Bedürfnisse der Menschen befriedigen. Die Erzeugung materieller Güter hat aber grundlegend andere Voraussetzungen als diejenige geistiger Werte. Da sind einerseits die Bodenschätze, die Klimaverhältnisse sowie auch der Charakter der in der zugehörigen Region lebenden Menschen zu berücksichtigen; zum anderen spielen aber auch die Ideen, die im Geistesleben geboren werden und letztlich die wirtschaftlichen Initiativen auslösen, eine entscheidende Rolle. Das Wirtschaftsleben ist im Vergleich zum Kulturleben in vieler Hinsicht gegensätzlich (polar) angelegt. Spielen hier materielle Werte, so dort immaterielle (geistige) Werte eine Rolle; kann hier nur durch Zusammenwirken mehrerer Menschen, so dort oft nur durch die Fähigkeiten einzelner Menschen etwas geleistet werden, sollte hier Kooperation, so dort Freiheit herrschen. Freiheit und Konkurrenz gehören ins Kultur- und Geistesleben, nicht aber ins Wirtschaftsleben. Das klingt für die heutigen Menschen wahrscheinlich schockierend. Ein Wirtschaftsleben ohne Konkurrenz kann sich kaum noch jemand vorstellen. Der freie Markt, wo Angebot und Nachfrage «ganz von selbst» (wenn man sie nur frei walten ließe) den Umlauf der Waren, den Wert der Waren und die Bedürfnisbefriedigung der Menschen regeln, brauche doch – so sagt man – die «Freiheit» als regelndes und stimulierendes Prinzip, sonst würde die Wirtschaft nicht florieren. Dies ist aber nicht richtig, wie wir unten noch sehen werden. Hier stoßen wir auf tief verwurzelte Vorurteile.

Betrachten wir zunächst die historischen Tatsachen. Aus den lokalen Bauernmärkten in den Dörfern sind allmählich übergreifende Landes-, ja schließlich Weltmärkte geworden (Prozess der Globalisierung). Eine entscheidende Revolution im Wirtschaftssystem des 20. Jahrhunderts ergab sich durch die weltweite Einführung des **Prinzips der Arbeitsteilung**. Durch die Verteilung der Arbeitsprozesse auf mehrere Personen, d.h. die Spezialisierung einzelner Arbeiter lediglich auf Teilprozesse der Fertigung, konnte die Warenproduktion enorm beschleunigt und vergrößert werden. Arbeitsteilungen haben sich heute auf allen Ebenen des Wirtschaftslebens entwickelt, sodass praktisch sich selbst versorgende oder nur auf Tausch basierende Wirtschaftsgebiete (wenn man von Teilbereichen der Landwirtschaft oder von Alternativ-Unternehmungen absieht) kaum noch vorhanden sind. Dies zeigt, dass die Wirtschaft aus ihren eigenen Gesetzen heraus eigentlich nicht zu einem «Gegeneinander» in Konkurrenz, sondern zu einem großräumigen «Miteinander» (Weltwirtschaft mit regionalspezifischen Arbeitsteilungen) tendiert.

Die Aufgabe des Wirtschaftslebens ist die Befriedigung materieller Bedürfnisse der Menschen, nicht aber primär die gewinnbringende Produktion von Waren, für die oft gar keine echten Bedürfnisse vorliegen. Die Aufgabe des Wirtschaftslebens ist auch nicht die Anhäufung privater Vermögen, weshalb das Streben nach Gewinnmaximierung zerstörerisch wirkt. «Ich arbeite, um Geld zu verdienen», ist eigentlich eine Verzerrung der Funktionsverhältnisse. Der sachgerechte Bezug wäre vielmehr: «Ich arbeite, um Produkte **für andere** zu schaffen», damit die anderen die Möglichkeit bekommen, entsprechende Produkte oder Leistungen dann auch für mich zu erzeugen. Produktion von Waren ist daher ihrem Wesen nach primär altruistisch und nicht egoistisch. Das im Wirtschaftsbereich wirkende Grundprinzip ist das der Gegenseitigkeit (Kooperation) und nicht das der Autarkie oder Konkurrenz (vgl. St. Leber[12 u. 19]).

Dieses «Füreinander-Arbeiten» war im Grunde schon immer ein Hauptprinzip wirtschaftlicher Beziehungen in der menschlichen Gesellschaft – auch schon im Altertum und in den früheren Kulturen. Nur beruhte es früher meist auf dem direkten Austausch von Waren. Erst nachdem das Geld in der Neuzeit eine so große Bedeutung erlangt hatte, tauchte die Illusion auf, dass man für Geld, d.h. für sich selbst und nicht mehr für die Mitmenschen, arbeiten würde. Geld ermöglicht zwar die Zirkulation der Waren, hat aber selbst keinen realen Wert, wenn man vom Metallwert des Goldes absieht. Geld erleichtert den Tausch der Waren, bekommt aber seinen Wert erst durch die von Menschen (oder Maschinen) produzierten Waren.

Die abstrakte, illusionistische Vorstellung, man würde lediglich «für Geld arbeiten», hat eine Reihe von gefährlichen Konsequenzen. Erstens wird die Arbeit aus dem gesamtmenschlichen bzw. gesamtgesellschaftlichen Zusammenhang herausgelöst, zweitens entsteht ein primär nicht vorhandener Gegensatz zwischen «Arbeitgeber» und «Arbeitnehmer» und drittens verselbstständigt sich das Geld, indem ihm ein Eigenwert zugesprochen wird. Diese drei Fehlentwicklungen haben im Wesentlichen die heutigen Krisen heraufbeschworen. Auf diese Problematik soll weiter unten noch im Einzelnen eingegangen werden.

Der dritte Funktionsbereich des sozialen Organismus ist schließlich das **Rechts- und Staatswesen**. Hier müsste das Prinzip der Gleichheit vorherrschend sein. Vor dem Gesetz ist jeder gleich! Eine Straftat wird dadurch nicht schwerwiegender oder weniger bedeutend, dass der Täter ein hohes Amt bekleidet oder über Reichtum verfügt. Die Strafe richtet sich nach dem objektiven Sachverhalt, der vom Gesetzgeber und damit indirekt auch von der Gesellschaft, d.h. jedem Einzelnen, festgelegt worden ist. Sie gilt also für alle gleichermaßen. Wenn die beiden anderen Funktionsbereiche in einer dreigegliederten Gesellschaft selbstständig und relativ unabhängig nach den Vorgaben der großen menschlichen Prinzipien Freiheit und «Brüderlichkeit» arbeiten und sich entfalten sollen, müsste auch der dritte Bereich selbstständig, d.h. relativ unabhängig von Wirtschaft und Geistesleben, nur nach dem hier vorherrschenden Prinzip der Gleichheit arbeiten. Die Gleichheit würde damit auch Gerechtigkeit und innere Ordnung in die Gesellschaft hineinbringen.

Wenn das heutige Staatswesen als eine reine Demokratie verwirklicht wäre, würde es keine Lobbyisten und Machtkämpfe zwischen den Interessengruppen geben. Auch die vielgestaltigen Un- oder Halbwahrheiten im politischen Bereich würden nicht mehr das Bild beherrschen. Jeder Bürger hätte gleiches Recht und würde bei den demokratischen Wahlen direkt oder indirekt (durch die gewählten Vertreter) auf die politischen Entscheidungen Einfluss nehmen können.

Man wird sagen, dass das ja auch heute schon der Fall sei. Aber die Wirklichkeit sieht leider ganz anders aus. Die meisten politischen Entscheidungen fallen hinter verschlossenen Türen und werden von wenigen Menschen, die gelernt haben, «mit der Macht umzugehen», gefällt. Wie oben erwähnt, regiert der Staat in nahezu alle Funktionsbereiche hinein, die im Sinne der hier vertretenen Dreigliederungsstruktur selbstständig und unabhängig voneinander arbeiten sollten. Dadurch, dass vom Staat heute immer sehr viel Geld verteilt wird, gewinnt dieser Macht über viele Bereiche, die eigentlich unabhängig voneinander sein sollten. Diese Geldströme werden dann wieder dazu benützt, Wählerstimmen zu gewinnen oder Meinungen zu beeinflussen. Die politischen Gremien werden aber nicht nur von der Wirtschaft beeinflusst, sondern sie regieren selbst auch in den Funktionsbereich Wirtschaft, der sich eigentlich selbst verwalten sollte, zum Teil massiv hinein (sog. Wirtschaftspolitik). So besitzt (oder besaß) der Staat z.B. zentrale Wirtschaftsmonopole, wie Eisenbahn, Energie, Forstbetriebe, Post usw.

Es waren, wie J. Stiglitz[9a] sich ausgedrückt hat, die «roaring nineteens», die 90er Jahre des vorigen Jahrhunderts, in denen die Wirtschaft dadurch einen nie da gewesenen Boom erlebte, dass der Einfluss des Staates in den wirtschaftlichen Großbereichen (Strom, Gas, Post, Bahn usw.) zurückgenommen wurde, um der Privatwirtschaft neue Anreize zu geben. Man nannte das «Deregulierung». Noch heute wird vom Internationalen Währungsforum (IMF), bevor Kredite vergeben werden, die Privatisierung der staatlichen Großunternehmen, z.B. bei den Entwicklungsländern, zur Bedingung gemacht.

Stiglitz zeigt nun aber am Beispiel des Konkurses der Fa. ENRON in den USA, wie verheerend sich diese Deregulierungen z. T. auf die Wirtschaft und damit auch auf die Gesellschaft ausgewirkt haben. So richtig es ist, den Staat aus der Wirtschaft herauszuhalten, so wichtig wäre es aber andererseits auch, meint Stiglitz ganz richtig, den Staat mit einzubeziehen, z.B. durch eine sinnvolle Gesetzgebung, die solche Fehlentwicklungen wie im Falle ENRON unmöglich machen würde. Stiglitz[9b] macht dazu einen «Zukunftsentwurf», den er als den notwendig und dringend zu entwickelnden «Neuen demokratischen Idealismus» bezeichnet. Das liegt auf derselben Linie, die wir hier als Dreigliedrigkeit des sozialen Organismus zu charakterisieren versuchen.

Wenn die beiden großen Funktionssysteme (Kultur- und Geistesleben und Wirtschaftssystem) unabhängig voneinander und sich selbst verwaltend arbeiten sollen, muss auch das dazwischen liegende «mittlere» System, nämlich das Rechts- und Staatssystem, unabhängig und selbstständig sein, d.h. es muss sich ganz aus seinen eigenen Prinzipien (Gleichheit, Gerechtigkeit usw.) organisieren. Geld und Macht sollten dabei keine Rolle spielen.

Das darf aber nicht dazu führen, dass die beiden anderen Systeme machen können, was sie wollen. Der Staat ist aufgerufen, auch in diesen Systemen ordnend und regelnd (d.h. letztlich «heilend») einzugreifen – mit anderen Worten, der Staat darf diese Systeme nicht völlig sich selbst überlassen, sondern er muss den Rahmen vorgeben, in dem sie sich entwickeln können und dürfen, was aber nicht bedeutet, dass der Staat wieder selbst die Zügel in die Hand nehmen und z.B. die Großunternehmen selbst verwalten sollte; d.h. er müsste – so wie im menschlichen Organismus das Herz-Kreislaufsystem zwischen den polaren Tendenzen der beiden großen anderen Funktionssysteme (Nervensystem und Stoffwechselsystem) – harmonisierend und ausgleichend zwischen Kultur- und Geistesleben und Wirtschaftsleben wirken.

Zusammenfassend muss man also sagen, die Selbstständigkeit der drei großen Funktionssysteme unserer Gesellschaft, die ihren eigenen Funktionsprinzipien folgen sollten, bedeutet nicht, dass die Gesellschaft in drei Bereiche mit unterschiedlichen Funktionsprinzipien auseinander fallen sollte. Vielmehr sollte durch ein starkes und gerechtes Staatswesen (mit einem «demokratischen Idealismus») nach J.E. Stiglitz[9b] das Ganze zusammengehalten und von innen heraus mit Gerechtigkeit und ordnenden Strukturen durchsetzt werden, sodass der soziale Organismus eine lebensfähige Ganzheit werden kann, ähnlich wie beim Menschen durch das zirkulierende Blut und das Herz-Kreislaufsystem die großen Funktionssysteme des Organismus zu einer lebendigen Ganzheit verbunden werden.

Nun wird aber das Funktionsgefüge des sozialen Organismus letztlich nur verständlich, wenn man berücksichtigt, dass die drei großen Funktionssysteme in sich selbst auch wiederum dreigegliedert sind, also die genannten Prinzipien nicht einheitlich und gleichartig in allen Untergliederungen dieser Systeme zur Anwendung kommen können. Insgesamt käme man dann, wie beim menschlichen Organismus auch, auf eine funktionelle Neungliederung. So kann man z.B. beim menschlichen Nervensystem einen oberen (Gehirn), einen mittleren (Rückenmark und Spinalnerven) und einen unteren Bereich (autonomes Nervensystem) unterscheiden (vgl. Rohen[15]), in denen jeweils verschiedene Funktionsprinzipien wirksam sind. Ähnliches gilt auch für das Stoffwechselsystem und das Herz-Kreislaufsystem, worüber noch zu sprechen sein wird.

Auch im sozialen Organismus finden wir in den drei großen Funktionssystemen jeweils drei unterschiedliche Bereiche, in denen neben dem Grundprinzip (Freiheit, Gleichheit usw.) auch noch die anderen Funktionsprinzipien zur Geltung kommen müssten. Das soll im Folgenden kurz zur Darstellung kommen.

4. Staats- und Rechtssystem

In den meisten demokratischen Staaten ist heute bereits eine funktionelle Dreiteilung (Prinzip der sogenannten Gewaltenteilung nach Montesquieu) realisiert. Diese «Gewaltentrennung» besteht in einer personellen und funktionellen Trennung der staatlichen Institutionen in eine gesetzgebende, eine ausführende und eine richterliche Instanz. Funktionell wird also ein Bereich der Rechtsprechung (Judikative), der Gesetzgebung (Legislative) und schließlich ein Bereich der Rechtswahrung (Exekutive) unterschieden (Tab. 1). Im Gegensatz zum Kulturbereich und Wirtschaftssystem muss im Rechtssystem, das der eigentliche Funktionsbereich des Staates ist, das **Gleichheitsprinzip** zur Geltung kommen. Dadurch kann das demokratische Denken und Handeln wirksam werden. Die funktionelle Dreigliederung in Judikative, Legislative und Exekutive verlangt aber nach einer gewissen Differenzierung des Gleichheitsprinzips. So muss z.B. im **Bereich** der **Rechtsprechung** neben der Gleichheit auch eine gewisse Freiheit herrschen. Greift der Staat mit egoistischen Interessen hier ein, kommt es zur Rechtsbeugung oder Diktatur, d.h. zur Zerstörung der Ideale von Gleichheit und Gerechtigkeit. Eigentlich widerspricht schon die beamtenähnliche Anstellung der Richter dem Prinzip der Freiheit. Dennoch ist in den europäischen Staaten heute (gottlob) noch ein gewisser Spielraum im Bereich der Rechtsprechung vorhanden. Aber es soll nicht verkannt werden, welchen Druck gerade das heutige Wirtschaftssystem oder auch die Politik gelegentlich auf die Rechtsprechung und sogar auf die Gesetzgebung ausübt, um Einzelegoismen durchzusetzen.

Im zweiten, sozusagen «mittleren» Funktionsbereich dieses Systems vollzieht sich die **Rechtssetzung** (**Legislative**). Hier sollten unter voller Anwendung des demokratischen Gleichheitsprinzips Gesetze beraten und verabschiedet werden. Der Staat sollte sich aber auf die rechtsetzenden Funktionen beschränken und nicht – wie heute noch vielfach vorhanden – die Verwaltung von Institutionen im Bereich des Geistes- und Wirtschaftsleben selbst übernehmen. Die Beschränkung des Staatslebens allein auf die Legislative ist für unser heutiges Denken sehr ungewohnt und sicher für viele schockierend. Wir sind gewohnt, alles vom Staat zu fordern. Bei jedem im gesellschaftlichen Zusammenleben auftretenden Problem soll er helfen. Rolf Henrich[20] hat von der Entmündigung des Bürgers durch den Staat gesprochen – eine Entmündigung, die wir selbst hervorgerufen und gewünscht haben, die uns lieb geworden ist, da sie bequem ist und kein Nachdenken mehr notwendig macht. Wir vergessen aber dabei, dass wir selbst letztlich der Staat sind und dass sich unsere Forderungen an den Staat de facto an unsere Mitbürger richten, die z.B. durch höhere Steuern oder sonstige Einschränkungen für diese Forderungen einstehen müssen. Hinzu kommt, dass sich die heutigen Politiker immer als «Interessenvertreter» bestimmter Gruppen (Parteien usw.) fühlen. In die Gesetzgebung fließen daher die (meist egoistischen) Interessen von Majoritäten ein, deren Wünsche es zu befriedigen gilt, um wiedergewählt zu werden. Machtkämpfe zwischen Interessengruppen widersprechen aber dem Gleichheitsprinzip. In einer «bereinigten» Demokratie, in der sich die Politiker nur auf die Gesetzgebung als solche beschränkten, würden große Gebiete der heutigen Politik mit all ihren Machtinteressen und Egoismen (wie z.B. die Wirtschaftspolitik, Bildungspolitik, Haushaltsberatungen) wegfallen, da diese Funktionen von den jeweiligen fachkompetenten Funktionssystemen (Kulturbereich, Wirtschaft usw.) selbst wahrgenommen würden. In einer solchen Demokratie würden die demokratisch gewählten Vertreter nur die Regelung derjenigen Rechtsverhältnisse, die in den anderen Systemen herrschen sollen, ins Auge zu fassen haben. Damit würde auch die Notwendigkeit, Interessenzusammenschlüsse in Form von Parteien mit definierten Parteiprogrammen aufzubauen, entfallen. Das soll aber nicht heißen, dass nicht auch unterschiedliche Überzeugungen oder Welt-Anschauungen, die letztlich den geistigen Reichtum der Gesellschaft ausmachen, in die jeweilige Gesetzgebung einfließen können. Die Wahl der Volksvertreter könnte als Persönlichkeitswahl erfolgen. Die Bürger würden diejenigen Persönlichkeiten wählen, die ihr Vertrauen besitzen, unabhängig von den Egoismen einzelner Gruppen, denen aufstachelnde Programme vorgesetzt und meist unerfüllbare Versprechungen gemacht werden. Die Aufgabe bestünde lediglich in der Lösung der rechtlichen Probleme, nicht in der Ausübung einer speziellen «Politik» und schon gar nicht in der Ausübung von Macht, mit der z.B. in das Geistes- und Kulturleben oder in das Wirtschaftsleben hineinregiert werden kann. Im Geistesleben wird durch den staatlichen Eingriff nur dessen Freiheit eingeschränkt, im Wirtschaftsleben dagegen kann, z.B. durch Wahlversprechungen oder ungerechtfertigte Entscheidungen (Subventionen usw.), die vielleicht dem Erhalt der politischen Macht einzelner Gruppen, nicht aber der Gesamtheit dienlich sind, die wirtschaftliche Produktivität behindert werden.

Ein dritter Bereich im Staatsleben ist der der Rechtsausübung, d.h. der Rechtswahrung oder **Rechtserhaltung (Exekutive)** (Tab. 1). Hier ist die Staatsverteidigung mit einzugruppieren. Es ist leicht einzusehen, dass in diesem Bereich außer dem Prinzip der Gleichheit auch das der Kooperation mit ins Spiel kommen muss. Ein Verbrecher muss natürlich nach den geltenden Gesetzen bestraft werden. Polizei und Militär können aber nicht funktionieren, wenn nicht alle auf breiter Ebene zusammenwirken. Da das Strafmaß ja in der freien Atmosphäre der Rechtsprechung (Judikative) festgesetzt worden ist, dürften auf dieser Ebene Willkürentscheidungen aus politischen Motiven nicht mehr möglich sein. Die Exekutive könnte aber «menschlich» gestaltet werden und – so ungewöhnlich dies auch klingen mag – «brüderliche Elemente» mit enthalten, indem z.B. Erziehungsanstalten oder Betreuungsinstitutionen für Rechtsbrecher eingerichtet würden, in denen «heilende Impulse» wirksam werden könnten.

Bei der militärischen Exekutive ist unter den gegenwärtigen Verhältnissen der Alleingang eines Staates nicht mehr möglich. Hier ist mehr denn je in der Menschheitsgeschichte ein Zusammenwirken auf überstaatlicher Ebene (UNO, NATO usw.) erforderlich. Aber da der heutige überdimensionierte Einheitsstaat immer noch ein nationales Machtinstrument darstellt, sind solche überstaatlichen Organisationen schwerfällig und lassen sich oft nur mühsam funktionsfähig erhalten.

Tabelle 1. Funktionelle Dreigliederung des Rechts- und Staatslebens

	Prinzipien	Funktionen	Institutionen
1. Oberer Bereich	Gleichheit (+ Freiheit)	Rechtsprechung (Judikative)	Gerichte
2. Mittlerer Bereich	Gleichheit (+ Demokratie)	Rechtsetzung (Legislative)	Parlamente, Regierungen
3. Unterer Bereich	Gleichheit (+ Kooperation)	Rechtswahrung (Exekutive)	Polizei Militär

5. Gliederung des Kultur- und Bildungssystems («Geistesleben»)

Wie das Rechtssystem ist auch der Kulturbereich funktionell in drei große Bereiche gegliedert, in denen jeweils ganz unterschiedliche Funktionszusammenhänge vorhanden sind. Da ist einmal die reine Wissenschaft, die sich um die uneigennützige, objektive Erforschung der in dieser Welt wirkenden Gesetze bemüht («oberer» Bereich). Vielfach wird Forschung mit der Lehre verknüpft. Lehre ist aber funktionell etwas anderes als die reine Forschung («mittlerer» Bereich). Wiederum anders ist der Bereich der Entwicklung und Anwendung geistiger Gesetze zum Beispiel in der Technik («unterer» Bereich) oder im religiösen Bereich. Diese drei Elementarbereiche seien im Folgenden kurz charakterisiert (Tab. 2).

5.1. Oberer Bereich

Die reine Forschung umfasst alle Bereiche, in denen es lediglich um die Erkennung und Beschreibung der Gesetzmäßigkeiten unserer Welt geht. Seit dem 14./15. Jahrhundert wurden in diesem Bereich ungeheure Fortschritte erzielt, angefangen von der «Entdeckung» des Kopernikanischen Weltsystems und der Kepler'schen Gesetze bis zur modernen Atomphysik und Weltraumforschung. Die in der Wissenschaft tätigen Menschen müssen ihr Denken schulen und ihre Methoden weiterentwickeln, um schließlich ganz frei von Vorurteilen und Wunschvorstellungen nur die objektiv richtigen Gesetze erkennen und beschreiben zu können. Hier ist nicht nur ein experimentelles Vorgehen, sondern ebenso ein kreatives, intuitives Denken notwendig, um wirklich Neues zu entdecken und Bewusstseinsfortschritte zu erzielen. Dass Wissenschaft in diesem Sinne nur in einer institutionell geschützten Atmosphäre der Freiheit gedeihen kann, ist leicht einzusehen.

5.2. Mittlerer Bereich

Neben der reinen Wissenschaft existiert aber noch ein anderer Funktionsbereich, in dem nicht so sehr die Genialität des einzelnen Forschers, sondern mehr das Miteinander verschiedener Menschengruppen und das künstlerische Anwenden der im «oberen» Bereich gefundenen Gesetzmäßigkeiten eine Rolle spielen, wie z.B. im Erziehungsbereich, im Gesundheitswesen oder bei den künstlerischen Tätigkeiten. Man spricht von Erziehungs**kunst**, von ärztlicher **Kunst** usw., womit zum Ausdruck kommt, dass hier noch andere Kräfte als nur die reine Wissenschaft in Erscheinung treten müssen. Der Wissenschaftler steht mit seinen Ideen immer (jedenfalls primär) allein und sucht (natürlich auch im Verbund mit anderen) die Naturgesetze zu erforschen. Erzieher, Ärzte oder Künstler betätigen sich dagegen stets in einem Feld zwischen Natur und Selbst, zwischen Patient und Arzt, zwischen Schüler und Lehrer, zwischen Stoff und Geist (Künstler). Dieser Bereich ist also ein «mittlerer» – ähnlich wie der Markt im Wirtschaftssystem einen mittleren Funktionsbereich darstellt (Tab. 2).

Wenn ein Schüler zu einem Lehrer geht, sagen wir, um eine Sprache zu erlernen, so begründet sich sofort ein Rechtsverhältnis. Der Lehrer verpflichtet sich, die Sprache zu lehren (wobei die geistige Freiheit, das «Wie» und «Was», unangetastet bleiben muss); der Schüler verpflichtet sich, die Sprache zu lernen. Beide Seiten können ihren (geschriebenen oder ungeschriebenen) Vertrag aufkündigen, wenn die Verpflichtungen nicht eingehalten werden -- wiederum nur nach Maßgabe des geltenden oder vereinbarten Rechts. Überall, wo es sich um Lehre handelt, spielt nicht nur der Inhalt der Lehre (Freiheitsprinzip), sondern auch das Verhältnis der betreffenden Menschen zueinander (Rechtsprinzip) eine Rolle. Es ist ein Unding, dass an den heutigen Hochschulen der Lehrer weder auf die Zahl noch auf die Art der von ihm auszubildenden Studenten Einfluss nehmen kann, ja dass ihm sogar Inhalt und Form der Lehre vom Staat vorgeschrieben werden. Auch an den Schulen herrschen heute häufig ganz unfreie Verhältnisse. Wie soll sich ein Vertrauensverhältnis zwischen Lehrer und Schüler entwickeln, wenn beide in ein Zwangsverhältnis hineingepresst werden. Auch zwischen Arzt und Patient begründet sich in dem Augenblick, wo der Patient die Praxis betritt, ein Rechtsverhältnis, das von gegenseitigem Vertrauen getragen sein muss, um ein fruchtbares Miteinander zu ermöglichen. Und im Bereich der Kunst ergibt sich auf vielen Ebenen ein Miteinander und Füreinander, z.B. zwischen Publikum und Künstlern, zwischen denen, die etwas schaffen oder reproduzieren, und denen, die es aufnehmen. Durch die Genialität des Künstlers wird Geistiges zur Erscheinung gebracht. Aber das geschaffene Kunstwerk hat meist auch eine spezifische Aufgabe, wie z.B. ein Porträt oder ein Altar. Es kann die Menschen bilden und erziehen, d.h. anleiten, das Geistige im Irdischen wahrzunehmen. Die großen Künstler der Renaissance haben z.B. die heute immer noch bewunderten Altäre geschaffen, um den Menschen die geistigen Zusammenhänge erlebbar zu machen. Kunst ist immer vom «Mittleren» (Empfinden, Fühlen) für das «Mittlere» (Wahrnehmen der Empfindungen, Erbauung, Erziehung) geschaffen, wobei das Spektrum der Kunst natürlich vom rein Geistigen (zweckfreie Kunst) bis zum Handwerklichen (zweckgebundene Kunst) reicht.

Da im jetzt charakterisierten «mittleren» Bereich des Geisteslebens immer zwei Gruppen (Geber und Empfänger) funktionell miteinander verbunden sind, müssen naturgemäß auch beide Gruppen finanziell beteiligt werden. Es ist eine Missachtung geistiger Leistungen, wenn diese in unserer heutigen Gesellschaft häufig so gut wie nicht bezahlt werden. Warum müssen Schule, Lehrmittel, gesundheitliche Leistungen immer kostenlos sein? Gefühlsmäßig wird daraus nur zu leicht: «Was nichts kostet, ist auch nichts wert.» Im Gegenteil, geistige und künstlerische Leistungen können gar nicht hoch genug honoriert werden, denn hier bringt der «Produzent» (Lehrer, Arzt, Künstler) sein kostbarstes Gut, nämlich seine oft jahrzehntelange Erfahrung, sein Innerlich-Erarbeitetes, sein vermenschlichtes Geistesgut mit in die Leistung ein, während der Belehrte, Gesundete oder künstlerisch Beschenkte in seinem Wesen durch die Berührung mit den Früchten des Geistigen seelisch und körperlich bereichert worden ist. Worin liegt die Berechtigung, diesen geistigen Austauschvorgang («Handel») nicht auch finanziell zu bewerten? Wir glauben sehr sozial zu sein, wenn alle diese Leistungen den Bürger nichts kosten, dabei werden sie de facto extrem teuer, wenn die tatsächlich entstehenden Kosten ausschließlich vom Staat übernommen werden und – was noch schlimmer ist – wenn jede Differenzierung entfällt. Alle staatlichen Schulen sind gleich, alle Lehrer erhalten gleiche Gehälter, alle Lehrpläne sind gleich, alle Ärzte sollen möglichst nach einem gleichen Schema therapieren und bezahlt werden. Das ist das Gleichheitsprinzip staatlicher Bürokratie, das im Geistesleben nichts zu suchen hat. Hier müssen Freiheit und lebendiger Wettstreit um die bestmögliche Leistung bestehen. Die besten Lehrer und Ärzte sollen den meisten Zulauf haben; die Lehre, die Therapieform, die Art der künstlerischen Gestaltung, die die beste ist, muss auch den größtmöglichen Freiraum erhalten. Die besten Lehrer sollen dann auch die höchsten Honorare erhalten und die zugehörigen Schüler die höchsten Lehrgelder zahlen. Das schließt die «Armen» nicht von den ihren Fähigkeiten entsprechenden Lernmöglichkeiten aus, wenn ein zweckentsprechendes Stipendien- oder Darlehenssystem (nicht vom Staat, sondern vom Geistesleben selbst) organisiert wird.

Die Schulen und andere Bildungseinrichtungen (Theater, Medien usw.) können sich aber nur frei entwickeln, wenn sie finanziell unabhängig sind. Daher dürfte der Staat (aus Steuern) oder die Wirtschaft (etwa durch eine Abgabenverordnung) dem Kulturbereich nur pauschal Mittel zur Verfügung stellen, sozusagen mit dem vertrauensvollen Hinweis «mehr haben wir nicht, macht das Beste damit!» Eine publikumswirksame, frustrierende «Haushaltspolitik» würde es dann nicht mehr geben (wodurch übrigens auch unendlich viel Geld eingespart werden könnte). Natürlich ist das «Gerangel» um Geld und Förderung damit nicht aus der Welt geschafft. Im sich selbst verwaltenden Kulturbereich würde es mit Sicherheit auch harte Auseinandersetzungen um die jeweiligen finanziellen Mittel geben, aber mit dem Unterschied, dass die Maßstäbe nun aus dem Geistesleben selbst kommen würden und objektiver Natur wären. Wenn im Kulturbereich eigenständige, politisch unabhängige Verwaltungsorgane entstehen würden, könnte z.B. mit Hilfe eines Antragsverfahrens (Grant-System) durchaus eine gerechte und sinnvolle Verteilung der zur Verfügung stehenden (und natürlich **nur** der wirklich zur Verfügung stehenden) Mittel erreicht werden. Eine Verschwendung von Mitteln, die gar nicht vorhanden sind, d.h. eine Staatsverschuldung, würde es dann nicht mehr geben. Dadurch ergäbe sich auch die Möglichkeit einer sachlichen Kontrolle, sodass gute Schulen z.B. mehr Geld erhalten könnten als schlechte. Wiederum dürften bei der Begutachtung nur fachkompetente und objektive (und keine wirtschaftlichen oder parteipolitischen) Gesichtspunkte eine Rolle spielen. Schließlich ergäbe sich dadurch auch ein Leistungsanreiz für die weniger guten Einrichtungen sowie ein geistiger Austausch zwischen den Schulen oder Institutionen selbst. Die Differenzierung des kulturellen Lebens würde sich beträchtlich erhöhen und der geistige Reichtum innerhalb der Gesellschaft würde sich zu ungeahnter Blüte entwickeln, wenn sich durch die charakterisierte Selbstverwaltung des Kultur- und Geisteslebens Schulen, Bildungseinrichtungen, Gesundheitswesen u.v.a. aus den Zwängen des Staates befreit hätten und überall freie Institutionen entstanden wären.

Da in den Einrichtungen des «mittleren» Kulturbereiches immer mehrere Gruppen zusammenwirken müssten, z.B. bei den Schulen Lehrer, Schüler und Eltern, müsste hier auch das Gleichheitsprinzip (Demokratie) die ihm zukommende Rolle spielen. So könnten z.B. an Schulen «Gremien» gebildet werden, in denen Lehrer, Schüler und Eltern vertreten sind, um die aus dem Miteinander der Gruppen entstehenden Fragen gemeinsam zu beraten. Sie dürften natürlich keinen Einfluss auf die Pädagogik selbst haben, denn diese liegt im Bereich der geistigen Freiheit und basiert allein auf den schöpferischen Fähigkeiten der Lehrenden und ihrer pädagogischen Kunst. Aber aus dem Zusammenwirken der Gruppen ergeben sich Rechtsfragen, soziale oder finanzielle Probleme, die gemeinsam gelöst werden müssten, wobei wiederum das «Demokratische Prinzip» (Gleichheitsprinzip) zur Geltung kommen muss. Schon heute haben viele Schulen «Elternbeiräte». Private oder konfessionelle Krankenhäuser werden von demokratisch gewählten Gremien geführt, ohne dass die ärztlich notwendigen Entscheidungen des Klinikdirektors dadurch beeinträchtigt werden. Auch im Bereich der Universitäten gibt es seit langem Gremien, in denen das Demokratie-Prinzip zur Anwendung kommt (Fakultäten, Senat usw.). Jedoch hat die in den 6oer und 7oer Jahren mit ungeheurem finanziellen Aufwand betriebene sog. «Demokratisierung» der deutschen Universitäten stark funktionsmindernd gewirkt, was in der Hauptsache auf die fehlende Trennung der Funktionsbereiche und die staatlich kontrollierte Unfreiheit zurückzuführen ist. Wenn man einmal erkannt hat, welche Bedeutung die geistige Freiheit im Kulturbereich hat, werden diese «Kinderkrankheiten» des Geisteslebens von selbst verschwinden.

5.3. Unterer Bereich

Der dritte Funktionsbereich des Kultur- und Geisteslebens umfasst den eigentlichen Anwendungsbereich des Geistigen: wo die Kenntnisse und Fähigkeiten zur Anwendung kommen, wo der Geist seine Fruchtbarkeit erweisen muss. Im Bereich der Wissenschaften handelt es sich also um die angewandte Forschung, z.B. um die technische Weiterentwicklung und Innovation (Tab. 2). Durch das Zusammenwirken vieler Wissenschaftler können hier z.B. neue technische oder therapeutische Verfahren, neue Stoffe oder Energiemöglichkeiten entwickelt werden. Ein eindrucksvolles Beispiel für das, was man auf diesem Gebiet erreichen kann, ist die Raumfahrtforschung. Vielfach werden solche Großprojekte aber nur dadurch realisierbar, dass viele Menschen mit Blick auf ein gemeinsames, übergeordnetes Ziel direkt zusammenwirken. Im Bereich der angewandten Wissenschaft kommt neben der geistigen Freiheit daher auch noch das Kooperationsprinzip zur Geltung. Wie hätte ein Mensch den Mond betreten oder in einer Raumfähre sicher die Erde umkreisen können, wenn nicht Hunderte von Wissenschaftlern und Technikern in gemeinsamen (z.T. unvorstellbaren) Anstrengungen zusammengewirkt hätten! Würden die im Geistesleben tätigen Menschen, statt zerstörerische Ziele zu verfolgen, gemeinsam ihre Geisteskräfte für friedliche Ziele einsetzen, wie z.B. die Regeneration der Umwelt, was könnte da erreicht werden!

Im Grunde ist der hier charakterisierte «untere» Bereich des Kultur- und Geisteslebens auch der der Religion. Wenn das im freien Geistesleben errungene Wissen im Physischen zur Anwendung kommt, erhält es einen moralischen Charakter. Wenn die Medizin aus den wissenschaftlichen Erkenntnissen der Embryologie und Genetik heraus Techniken entwickelt, um künstliche Befruchtungen vorzunehmen, «Retortenbabys» zu erzeugen oder genetische Veränderungen an menschlichen Keimen durchzuführen, dann entstehen «ethische» Probleme von ungeheuren Dimensionen. Wir sollten uns nicht einbilden, dass nicht auch die «angewandte Atomforschung» eine moralische Seite hat, deren ethische Dimension bis jetzt noch keineswegs ausgelotet worden ist.

Wie immer man zur Religion und insbesondere zu den das Religiöse vertretenden Gemeinschaften stehen mag, funktionell repräsentieren sie jenen Bereich, in dem das Geistige im Physischen zur Wirksamkeit kommen soll – mit und für eine Gemeinschaft von Menschen. Die bis in die Neuzeit hinein diskutierte Frage des *tuto estin* (griechisch: das ist mein Leib oder das bedeutet meinen Leib), die für die Bedeutung der im Kultus vollzogenen Wandlung (Transsubstantiation) so entscheidend ist, zeigt ja deutlich, dass es im Religiösen um das «Wandlungsgeschehen», d.h. um das Einwirken geistiger Kräfte ins Materielle geht, nicht nur um Symbole. Der Priester ist zwar als Einzelmensch Vermittler, immer ist aber die Gemeinde als Ganzes notwendig, denn mit ihr und für sie spielt sich das Geschehen ab.

Es mag verwundern, dass hier die angewandte Forschung mit der Religionsausübung in einem Atem genannt wird, aber prozessual sind sie durchaus im gleichen Bereich anzusiedeln und in vieler Beziehung verwandt.

Tabelle 2. Funktionelle Dreigliederung des Kultur- und Geisteslebens

	Funktionen	Institutionen	Prinzipien
1. Oberer Bereich	Wissenschaft und Forschung	Forschungs- institute, z.B. Universitäten	Freiheit
2. Mittlerer Bereich	Kunst, Ausbildung (Lehre), Gesundheits- wesen	Schulen, Theater, Akademien, Krankenhäuser	Freiheit (+ Demokratie)
3. Unterer Bereich	Innovation, angewandte Wissenschaft, Religions- ausübung	Technische Entwicklungs- institute Kirchen, Management	Freiheit (+ Kooperation)

6. Struktur des Wirtschaftssystems

Geht man von den Funktionsprinzipien aus, lassen sich auch im Wirtschaftssystem drei grundsätzlich verschiedene Funktionsbereiche unterscheiden, nämlich: 1. Der Produktionsbereich, in dem Waren oder Dienstleistungen «produziert» werden; 2. der Konsumtionsbereich, in dem Waren oder Dienstleistungen verbraucht werden, und 3. der Markt, wo sich der Austausch aller Arten von Leistungen vollzieht (Tab. 3).

Der für die Weiterentwicklung der Wirtschaft lebenswichtige Innovationsbereich gehört bereits dem Kultur- und Geistesleben an. Er hängt ganz von der Forschung, d.h. von den innovativen Fähigkeiten einzelner Persönlichkeiten ab. Im Wirtschaftssystem ist die Produktion einerseits von der Natur, d.h. den Rohstoffen, andererseits aber auch vom «Management» abhängig. Der Markt, wo die Waren getauscht und die Preise bestimmt werden, liegt in der Mitte. Auf die Konsumtion ist die ganze Wirtschaft letztlich ausgerichtet, da die Befriedigung der menschlichen Bedürfnisse als die zentrale Aufgabe des Wirtschaftssystems angesehen werden muss. Somit ergibt sich eine funktionelle Dreigliederung des Wirtschaftssystems, die den weiteren Betrachtungen zugrunde gelegt werden soll.

So wie die menschliche Individualität für ihre «Selbstverwirklichung» einen lebendigen, harmonisch geordneten (d.h. gesunden) Organismus benötigt, der von zwei Seiten her, nämlich einerseits von der Seite der Körperlichkeit (Begabungen, Konstitution), andererseits von seinem Umfeld (Erziehung, Lebensverhältnisse) geprägt wird, so ist auch der soziale Organismus abhängig von der Naturseite (Bodenschätze) und dem geistigen Umfeld (geschichtliche Traditionen, Nachbarvölker usw.). Im Wirtschaftsleben bedeuten die Bodenschätze bzw. Naturverhältnisse so etwas wie die Begabungen beim Einzelmenschen, die gewissermaßen als «Geschenk» in das soziale Leben mit eingebracht werden. Das sind die

«Pfunde», mit denen der Mensch «wuchern» kann. Das Wirtschaftsleben besteht daher nicht nur aus Warenproduktion und Konsumtion,
sondern auch aus dem «Verbrauch» von Naturschätzen aus der Umwelt
sowie aus dem «Gebrauch» von Ideen aus dem Geistesleben. Da im
Geistesleben das Prinzip der Freiheit herrschen muss, ist der Wettbewerb,
d.h. die Konkurrenz in der Entwicklung von wirtschaftsrelevanten
Ideen, die dann zur Entstehung neuer Produkte und zu einer sinnvollen
Bedürfnisbefriedigung führen können, auch im Innovationsbereich das
einzig richtige Prinzip. In diesem Bereich ist die Freiheit sinnvoll. Hier
sind Wettbewerb und Konkurrenz notwendig, um letztlich das beste
und für die jeweiligen Bedürfnisse geeignetste Produkt entwickeln zu
können.

Im Bereich der Produktion dagegen ist das Konkurrenzprinzip
schädlich. Hier sollte das kooperative Prinzip mit Arbeitsteilung und
größtmöglicher Zusammenarbeit vorherrschen. Die Vorstellungen von
einer «freien Marktwirtschaft», in der ein erbarmungsloser Konkurrenzkampf herrscht, sind grundlegend falsch. Wettbewerb und Konkurrenz im Herstellungsbereich sind falsche Prinzipien und führen nur zu
Fehlentwicklungen und Katastrophen. Dies ist für den heutigen Menschen nur schwer einzusehen. Man muss sich hier erst an den Gedanken
einer Funktionentrennung gewöhnen, denn was in dem einen Bereich
richtig ist, ist in einem anderen Bereich falsch.

Die heutigen Großbetriebe nehmen die Entwicklungsforschung meist
in ihren Produktionsbereich mit auf oder «subventionieren» da, wo
ihre eigenen Möglichkeiten nicht ausreichen. Das ist dann eine Produkt-
orientierte Forschung, deren Ergebnisse meist so lange geheim gehalten
werden, bis die Früchte dieser Forschung, d.h. das neue Produkt, mit
dem die «Konkurrenz» ausgeschaltet oder übertroffen werden soll,
auf den Markt kommt. Die auf diese Weise in den Produktionsbereich
hineingezogenen Wissenschaftler sind daher niemals wirklich frei. Ihre
Forschungsrichtungen und damit auch ihre Forschungsergebnisse werden von anderen Bereichen bestimmt (man denke nur an die militärische
oder die durch Staatsaufträge geförderte Forschung). Der Wettbewerb
wird da, wo er sinnvoll wäre, nämlich im Geistesleben, ausgeschaltet, im
Produktionsbereich aber, wo er zerstörerisch wirkt, eingeführt.

Ein gesundes Wirtschaftssystem kann sich aber nur dann entwickeln, wenn es aus einem schöpferischen Innovationsbereich, der als Element des Kultur- und Geisteslebens frei und unabhängig sein muss, ständig neue Impulse erhält, gewissermaßen «genährt» wird. Hier müssen – unbeeinflusst von Staats- oder Wirtschaftsinteressen – die kreativen Persönlichkeiten miteinander wetteifern, um die besten und sinnvollsten (!) Produkte zu entwerfen, die die gerechtfertigten (!) Bedürfnisse der Menschen eines Wirtschaftsraumes befriedigen können. Ob und wie diese dann hergestellt werden können, ist eine andere Frage.

Die Freiheit im Innovationsbereich wird heute meist dadurch umgangen, dass man die Entwicklungsergebnisse geheim hält. Dies ist ja bei der militärischen Forschung sogar Gesetz. Geheimhaltung im Wissensbereich gibt immer Macht. Wirtschaftliche Macht entsteht durch gezielte Forschung hinter verschlossenen Türen – das Gegenteil dessen, was notwendig wäre! Aus diesen Zusammenhängen erklärt sich auch das für den Laien fast unfassliche Ausmaß der heutigen Wirtschaftsspionage und Korruption.

6.1. Konsumtion

Die zentrale Aufgabe des Wirtschaftssystems ist die Befriedigung der individuellen Bedürfnisse, d.h. die Konsumtion. Auf den Warenverbrauch ist letztlich die Produktion ausgerichtet. Was nützen Waren, wenn sie nicht benötigt oder nicht geschätzt werden. Innerhalb des sozialen Organismus ist die Konsumtion ein Abbauprozess, dessen Umfang an der Größe der zurückbleibenden Müllhalden leicht abgelesen werden kann. Im Bereich der Konsumtion sollte Freiheit herrschen. Nötigung oder gar Zwang zum Kauf bestimmter Waren wirkt sozial zerstörerisch. Herstellung kurzlebiger Artikel mit dem Ziel, die Konsumtion und damit die Gewinne der Produzenten zu steigern, heißt, die natürlichen Prinzipien der Wirtschaft zu hintergehen und das System in seiner funktionalen Ordnung zu zerstören.

6.2. Markt

Der zweite große Funktionsbereich innerhalb des Wirtschaftssystems ist der Markt. Hier vollzieht sich der Tausch der im Produktionsbereich entstandenen Waren, das Nehmen und Geben nach den Gesetzen von Angebot und Nachfrage. Viele Ökonomen sind heute der Meinung, dass sich die Wirtschaft am besten entwickeln würde, wenn im Bereich des Marktes möglichst viel Freiheit herrsche, wobei die einen mehr im Angebot, die anderen mehr in der Nachfrage die primäre Triebkraft sehen. R. Baader[62] schreibt dazu: «... die von Lord Keynes angeregte Politik beruht auf dem Irrtum, der eigentliche Motor des Wirtschaftswachstums sei die Nachfrage»; die Triebkraft der Marktwirtschaft sei jedoch – meint Baader – das Angebot und nicht die Nachfrage (d.h. der Konsum), denn wenn die Menschen nicht vorher aus ihrer produktiven Tätigkeit Einkommen erworben hätten, könnten sie auch keine Güter konsumieren (d.h. nachfragen).

Das richtige Funktionsprinzip im mittleren Bereich der Wirtschaft ist aber nicht die Freiheit («freie Marktwirtschaft»), auch nicht die kooperative («brüderliche») Zusammenarbeit wie bei der Produktion selbst, sondern das demokratische Gleichheitsprinzip (Tab. 3). Käufer und Verkäufer schließen immer – und sei es auch nur per Handschlag oder Absprache – einen «Vertrag» über den Warenaustausch bzw. über den Tausch von Geld gegen Ware oder Ware gegen Geld. Damit befinden wir uns immer in einer Rechtssphäre, in der jeder (wie vor dem Gesetz) gleich ist. Im Marktbereich sollte also immer **Gerechtigkeit** herrschen. Man spricht ja auch vom «gerechten» Preis. Der Preis kann nicht willkürlich festgelegt werden, weder von der Angebotsseite aus, d.h. vom Produktionsbereich (Gewinnstreben der Unternehmer oder Kapitaleigner), noch von der Nachfrageseite, d.h. vom Konsumtionsbereich aus (Forderungen der Verbraucher: Rabatte usw.). Er kann auch nicht «zufällig» innerhalb des Marktes entstehen, z.B. durch Angebot und Nachfrage (das ist eine nicht auszurottende Illusion unserer Wirtschaftswissenschaft). Der Preis kann sich nur durch das demokratische Zusammenwirken der Marktteilnehmer selbst ergeben. Wenn diejenigen, die Waren produzieren, nicht mehr ausschließlich an der Vergrößerung ihrer Gewinne interessiert wären, sondern als oberstes Prinzip ihrer Wirtschaftstätigkeit die Befriedigung der Bedürfnisse der Marktteilnehmer gelten ließen, und wenn die Konsumenten selbst an der Preisgestaltung in unegoistischer Weise, d.h. unter Wahrung demokratischer Prinzipien, mitzuwirken bereit wären, könnte man hoffen, dass im Marktbereich «gerechte» Preise entstünden, die sich dann in echter demokratischer Gesinnung nicht mehr an den Interessen Einzelner oder einzelner Gruppen, sondern an der jeweiligen Situation der Gesamtwirtschaft orientieren würden.

Im Preis spiegelt sich nämlich immer die Gesamtsituation des Wirtschaftssystems wider. Beinhaltet er doch nicht nur die Produktions- und Entwicklungskosten, sondern immer auch einen imponderablen Anteil seitens des Käufers («Liebhaberwert»), der nicht berechenbar ist. Wegen dieser «Unsicherheiten» des Marktes haben die Produzenten von jeher versucht, den Markt zu manipulieren und ihren Interessen dienstbar zu machen. Hier ist in erster Linie an die Tendenzen zur Monopolbildung zu denken. Derjenige, der das Monopol für ein bestimmtes Produkt besitzt, kann den Preis diktieren. Durch Monopole kann wirtschaftliche Macht entstehen. Wir beobachten heute mit Schrecken das ständige Anwachsen wirtschaftlicher Macht durch kleinere oder größere Monopolbildungen, die auch durch den Staat letztlich nicht verhindert werden.

Ein anderes Phänomen der Gegenwart ist die Passivität der Marktteilnehmer, vor allem der Konsumenten. Sie sind mehr oder weniger nur Zuschauer. Durch gezielte Reklame und einseitige (in der Regel unverlangte) Informationen wird das Kaufverhalten der Konsumenten zu beeinflussen versucht. Von einem «freien Markt», bei dem Angebot und Nachfrage das Wirtschaftsgeschehen bestimmen würden, kann man heute nicht sprechen. Die angebotene Massenware entspricht nur selten den tatsächlichen Bedürfnissen der Menschen. Der ungeheure Aufwand, der oft betrieben wird, um im Käufer Bedürfnisse zu wecken, die primär gar nicht vorhanden waren, dient meist nur der Umsatzsteigerung im Produktionsbereich, hat aber mit dem Wesen des Marktgeschehens an sich wenig zu tun. Die Verhältnisse würden sich erst dann grundlegend ändern, wenn der Konsument selber auch einen mitbestimmenden Einfluss auf den Markt bekäme, wenn er – wie es demokratischen Prinzipien entspricht – als gleichberechtigter Partner dem übermächtigen Produzenten entgegentreten und am Marktgeschehen mitwirken könnte. Dann könnte z.B. aus der Reklame eine sachgerechte, wahrheitsgemäße Information werden und im Produktionsbereich ließen sich Überproduktionen vermeiden. Natürlich wäre das nur zu erreichen, wenn für die Mitbestimmung bei der Preisgestaltung auch entsprechende Organe (z.B. Wirtschaftsforen, assoziative Gremien, Assoziationen o.Ä.) eingerichtet würden, wo die verschiedenen Marktteilnehmer zusammenkommen, miteinander verhandeln und ihre Interessen in demokratischer Form aufeinander abstimmen könnten. Darauf kommen wir noch zurück (s. S. 65 ff.).

6.3. Produktion

Der dritte Funktionsbereich ist der Produktions- oder Unternehmensbereich, wo Waren erzeugt und in den Markt eingebracht werden. Hier sollte nach landläufiger Auffassung das Konkurrenzprinzip zur Geltung kommen, was aber grundlegend falsch ist. Langfristig kann die Wirtschaft nur gedeihen, wenn in diesem Bereich größtmögliche Kooperation herrscht. Es lässt sich leicht aus der Wirtschaftsgeschichte belegen, dass die Produktion an sich die Tendenz zur Zusammenarbeit oder zum Zusammenschluss, nicht aber zum konkurrierenden Machtkampf besitzt. Ist doch die Entwicklung der Arbeitsteilung letztlich nichts anderes als die konsequente Anwendung des Kooperationsprinzips. In den letzten beiden Jahrhunderten hat sich ein grandioser Zusammenschluss der verschiedenen Wirtschaftssysteme auf der Welt ergeben; und wir besäßen längst ein Weltwirtschaftssystem und ein Weltwährungssystem, würden diese natürlichen Tendenzen nicht immer wieder von nationalen politischen oder unternehmerischen Interessen blockiert.

Mit dem Kooperationsprinzip schwer oder gar nicht zu vereinbaren ist das Privateigentum an den Produktionsmitteln. Die Inhaber oder Kapitaleigner betrachten das Unternehmen in der Regel als eine Einrichtung zur Vermehrung ihres Privatvermögens. Auch die Arbeitnehmer wollen – grob ausgedrückt – lediglich «Geld verdienen», gleichgültig womit und wofür! Durch die ausschließliche Geldorientierung (richtig wäre eine Orientierung an den Bedürfnissen der Marktteilnehmer und nicht am Geld allein) kommt es dann zu den pathologischen Wachstums- und Expansionstendenzen und den überdimensionalen, meist überhaupt nicht mehr durchschaubaren Firmenzusammenschlüssen. Derartige Riesenunternehmen (Konzerne, Trusts, Gruppen) gewinnen durch Kapitalanhäufung eine ungeheure wirtschaftliche Macht, durch die die kleineren Firmen, die eigentlich kooperativ zusammenarbeiten sollten, ausgeschaltet werden können. Unerwünschte Firmen werden entweder in den Konkurs getrieben oder in die Gruppe selbst integriert, wobei man irreführenderweise meist den alten Firmennamen bestehen lässt, um eine Konkurrenz vorzutäuschen.

Eine Konzentration wirtschaftlicher Macht kann auch durch direkte Eingriffe des Staates zustande kommen. Ein erschütterndes Beispiel für die zerstörerischen Einflüsse der Politik auf die Wirtschaft haben uns die ehemals kommunistisch regierten Staaten des Ostens geliefert. Aus der Vorstellung heraus, dass die Produktionsmittel enteignet werden und die Produktion nach politischen Kriterien gesteuert werden müsste, hat sich in den östlichen Ländern ein Staatskapitalismus entwickelt, der nicht nur das soziale Zusammenleben der Menschen, sondern auch Natur und Umwelt in katastrophaler Form zerstört hat. So richtig die «Entprivatisierung» der Produktionsmittel ist, so falsch ist die alleinige Verwaltung der Wirtschaftsgüter und Unternehmungen durch den Staat. Die Wirtschaft als Ganzes kann sich nur produktiv und für die Gesellschaft sinnvoll entwickeln, wenn sie vom politischen Leben unbeeinflusst bleibt, d.h. wenn die im Politischen geltenden Prinzipien (Demokratie und Rechtsprinzipien) nicht unmittelbar in die Produktions- und Innovationsprozesse eingreifen.

Das Wirtschaftssystem muss als Ganzes unabhängig sein und sich selbst verwalten können. In einer funktionsgerechten Selbstverwaltung ließen sich durchaus Regelungen schaffen, den Privatbesitz an den Produktionsmitteln abzuschaffen, ohne daraus eine Verstaatlichung werden zu lassen. Würde beispielsweise der Privatbesitz an den Produktionsmitteln abgeschafft, fehlte für den Unternehmer auch der

Anreiz, große Vermögen anzusammeln. Dann verschwände auch der Missbrauch, ganze Firmen mit z.T. in die Milliarden gehenden Schätzwerten wie Semmeln zu kaufen oder zu verkaufen. Dann könnten sich auch neue Zielsetzungen im Produktionsbereich entwickeln, die dann nicht mehr allein auf «Geldverdienen» ausgerichtet wären, sondern die Gesamtwirtschaft und das Wohlergehen der Gesellschaft als Ganzes im Auge hätten. Erscheint es so undenkbar, dass die europäische Menschheit, die einst aus Glaubensbegeisterung heraus ganze Kreuzzüge zustande gebracht hat, jetzt einen «Kreuzzug zur Rettung der Umwelt» in Gang bringen könnte, selbst wenn dabei Teile der Produktionskraft geopfert und auf Gewinne verzichtet werden müsste? Wäre es wirklich so undenkbar, dass die im Wirtschaftsleben arbeitenden Menschen, wenn sie wirklich beginnen würden, von ihrem egoistischen Standpunkt abzurücken und wieder mehr an das Ganze zu denken, nicht auch einmal einfach dafür arbeiten würden, dass die Schulen, Theater oder Universitäten genug Geld hätten, dass Staat und Gesundheitswesen aus den Schulden herauskämen, dass Kinder eine bessere Erziehung erhalten würden und dass die Umwelt wieder in Ordnung gebracht würde? Das Grundübel heute ist ja immer noch die Einstellung, dass man alles vom Staat erwartet und dass das Vertrauen in die staatlichen Institutionen fehlt. Würden die richtigen Institutionen geschaffen und die richtigen Prinzipien angewendet, würde sich aber dieses Vertrauen sofort wieder einstellen.

Vor einigen Jahren wurde einmal eine Umfrage gestartet, wie viel die Bürger von ihrem Einkommen opfern würden, wenn dadurch der Wald gerettet werden könnte. Das Ergebnis war erschütternd. Im Nu kamen viele Millionen zusammen, nur gab es keine Institution, die das Geld zweckgebunden hätte verwenden und genügend Vertrauen hätte ausstrahlen können, um wirklich etwas zu tun. Man sieht, dass die Menschen Opfer bringen würden, aber in den Staat (berechtigterweise) heute kein Vertrauen mehr haben. Würde eine objektiv ausgerichtete, nicht egoistische Interessen vertretende Selbstverwaltung der Wirtschaft existieren, sähe die Sache ganz anders aus.

Wenn die Produktionsmittel nicht mehr Privateigentum wären und das Geldverdienen nicht mehr der eigentliche Zweck des Produktionsbereiches wäre, fiele auch der Gegensatz zwischen Arbeitgeber und Arbeitnehmer und damit eine Quelle vieler sozialer Unruhen weg. Beide, Arbeitgeber und Arbeitnehmer, würden nämlich dieselben Ziele verfolgen, nur auf anderen Ebenen. Ihre Augen wären auf den (jetzt gesundeten) Markt gerichtet, wo es in erster Linie um die Bedürfnisse der Marktteilnehmer ginge und nicht nur um Profitsteigerung. Dann könnten auch die Konsumenten selbst mit in den Wirtschaftsprozess eingegliedert werden. Die an der Produktion von Waren beteiligten Menschen würden primär auf diejenigen schauen, für die sie ihre Waren produzieren. Dadurch bekämen sie eine Beziehung zum Gesamtwirtschaftssystem und nicht nur zu ihrer Lohntüte.

Die Verobjektivierung des Produktionsprozesses nach dem Kooperationsprinzip würde auch eine Neugestaltung des Entlohnungsprinzips zur Folge haben und damit den jahrhundertlangen Machtkampf zwischen «Arbeitgebern» und «Arbeitnehmern» ein für allemal beenden. Die heute schon manchmal praktizierte Beteiligung der Mitarbeiter am Gewinn oder am Aktienkapital ist ein Anfang in dieser Richtung. Eine wirkliche Gesundung der Unternehmensstrukturen ließe sich aber erst erreichen, wenn sich alle als Mitträger der jeweiligen Unternehmung fühlen würden und durch entsprechende Verträge auch am Gewinn (und Verlust!) beteiligt wären. Der Betrieb gehörte dann sozusagen **allen**, wobei die Verantwortlichkeiten und Entlohnungen natürlich entsprechend den jeweiligen Einzelleistungen abgestuft sein würden. Aber jeder würde sich für das Ganze mitverantwortlich fühlen, den Produktionsprozess mit überschauen und sich als Mensch mit dem Gesamtvorgang verbunden fühlen, indem er, seinen Fähigkeiten entsprechend, einen Teil mitgestalten würde. Auch die Direktoren, Manager oder Vorstände hätten in diesem Ganzen keine prinzipiell andere Stellung. Der Arbeiter, der seine Arbeitskraft nicht mehr «verkauft» hätte, sondern ein gleichberechtigter Mitarbeiter wäre, würde einsehen, dass er tüchtige Direktoren brauchte, die natürlich höher bezahlt würden, die aber rechtlich keine andere Stellung im System hätten als er, sodass der marxistische Spruch von der «Ausbeutung» durch das Kapital keine Grundlage mehr hätte.

Tab. 3. Funktionelle Dreigliederung des Wirtschaftssystems

Bereiche	Funktionen	Institutionen	Prinzipien
1. Oberer Bereich	Konsumtion	Kaufhäuser, Entsorgungs-einrichtungen	Kooperation + Freiheit
2. Mittlerer Bereich	Markt	Handel	Kooperation + Demokratie (Gleichheit)
3. Unterer Bereich	Produktion	Unternehmen	Kooperation («Brüderlichkeit»)

7. Vergleich der funktionellen Dreigliederung im sozialen und menschlichen Organismus

7.1. Allgemeines

Wie wir gesehen haben, weist nicht nur der menschliche Organismus, sondern auch die Gesellschaftsstruktur generell eine funktionelle Dreigliederung auf. Jedoch herrschen im sozialen Organismus heute noch nicht die im jeweiligen Funktionsbereich wesensgerechten Funktionsprinzipien, sodass sich z. T. alarmierende Krankheitsprozesse entwickelt haben. So ist das heute so viel beschworene Wirtschaftswachstum eher mit einem Tumorprozess im menschlichen Organismus zu vergleichen als mit einem gesunden Entwicklungs- und Regenerationsprozess, wie er normalerweise im Körper abläuft. Die großen Funktionssysteme der Gesellschaft sollten, wie wir es dargelegt haben, nicht nur voneinander relativ unabhängig sein, wie das der Dreigliederungsidee Rudolf Steiners[16,17] entspricht, sondern auch nach unterschiedlichen Funktionsprinzipien arbeiten. Wenn man als leitendes Prinzip, z.B. im Kultur- und Geistesleben, die Freiheit anerkennt, muss man bei diesem Prinzip in den verschiedenen Funktionsbereichen aber auch Differenzierungen berücksichtigen, wobei dann noch weitere Funktionselemente mit ins Spiel kommen (vgl. Tab. 2, S. 46). Dasselbe muss natürlich in ähnlicher Form auch für das Wirtschaftssystem gelten. Generell sollte hier das Fraternitätsprinzip (Kooperation, «Brüderlichkeit») gelten. Aber auch hier kommen, legt man die funktionelle Dreigliedrigkeit dieses Systems in Produktion, Handel und Konsumtion zugrunde, jeweils wieder zusätzliche Funktionselemente in Betracht (vgl. Tab. 3). Dasselbe gilt natürlich auch für das dritte große System unserer Gesellschaft, das Rechts- und Staatsleben, dessen Dreigliederung in Judikative, Legislative und Exekutive schon im 17. Jh. von Montesquieu gefordert worden ist. Auch hier sollten neben der generellen Anwendung des Prinzips der Gleichheit auch noch andere Prinzipien als beigeordnete Elemente zur Geltung kommen (vgl. Tab. 1, S. 38).

Man sieht, dass der soziale Organismus eigentlich in neun große Funktionsbereiche gegliedert werden müsste, wenn man zu einer gesunden, lebensfähigen, einem Organismus vergleichbaren Ganzheit kommen will.

Von zentraler Bedeutung für das Verständnis der hier diskutierten Zusammenhänge ist nun, dass der menschliche Organismus (und zwar in dieser universellen Ganzheit **nur** der menschliche und nicht der tierische Organismus) dieselbe funktionelle Dreigliederung aufweist, wie wir sie gerade für den sozialen Organismus beschrieben haben. Auch im menschlichen Organismus arbeiten die drei großen Organsysteme (Nervensystem, Stoffwechsel-Gliedmaßen-System und rhythmisches Transport- und Verteilungssystem (Rohen[5,6])) nach verschiedenen Funktionsprinzipien, die in den jeweiligen Subsystemen funktionsgerecht abgewandelt werden. Im menschlichen Organismus kann man daher ein Vorbild für die Gestaltung des sozialen Organismus finden, dessen Bedeutung nicht hoch genug eingeschätzt werden kann. Denn im menschlichen Organismus arbeiten die drei großen Funktionssysteme, solange der Organismus gesund ist, reibungslos zusammen, was im sozialen Organismus heute leider noch nicht der Fall ist, im Gegenteil, die Krankheitssymptome werden immer bedrohlicher. Obwohl die alarmierenden Krankheitszeichen vielfach erkannt und diskutiert werden, herrscht doch generell eine große Ratlosigkeit im Hinblick auf das, was man tun sollte bzw. tun könnte.

Die Orientierung an den (normalerweise) gesunden Strukturen des menschlichen Organismus könnte daher äußerst nützlich sein, vorausgesetzt, dass man die funktionelle Ordnung dieser Strukturen durchschaut und wesensgerecht mit den entsprechenden Strukturen im Gesellschaftsorganismus in Beziehung setzen kann. Hier tun sich aber – in der Regel unerwartet – außerordentliche Schwierigkeiten auf, da reine Analogiespiele rasch in eine Sackgasse führen und erkenntnistheoretisch unfruchtbar werden. Vergleiche zwischen dem menschlichen und sozialen Organismus sind Ende des 19. und Anfang des 20. Jahrhunderts mehrfach angestellt worden. Aber man ist dabei nicht von den Funktionssystemen, sondern von Begriffen wie Zelle, Organe usw. ausgegangen, die nicht weiterführen und im Grunde unfruchtbar sind (vgl. z. B. Schäffle[13], Meray[14]). Um zu einem tragfähigen Begriffssystem zu kommen, muss man von den **Prozessen** ausgehen und nicht von einzelnen Strukturen, wie etwa den Zellen, die beispielsweise mit den Einzelmenschen in der Gesellschaft verglichen worden sind.

Geht man vom Prozessualen aus, muss man zunächst zwei Grundbegriffe ins Auge fassen, die eine entscheidende Polarität beschreiben, nämlich einmal die Stoffprozesse (gleichbedeutend mit Energie) und zum andern ideelle Prozesse (in unserem Zusammenhang gleichbedeutend mit Information).

Natürlich werden im sozialen Organismus primär zunächst Stoffe, d.h. materielle Elemente, hervorgebracht, ausgetauscht und verändert. Wir entnehmen diese der Natur, produzieren Brot, Nahrungsmittel, Baustoffe oder Kleider, um davon und damit zu leben. Es wäre daher nahe liegend, das Wirtschaftssystem mit dem menschlichen Stoffwechselsystem zu vergleichen. Aber die eigentliche «Ernährung» des Gesellschaftsorganismus kommt aus dem Kultur- und Geistesleben. Ohne den ständigen Zustrom neuer Ideen, die in die Herstellung von Maschinen und Geräten einfließen und die Stoffverarbeitung erst ermöglichen, würde die Gesellschaft bald «verhungert» sein. Selbst in den primitivsten menschlichen Gesellschaften – am Beginn der Evolution – waren die in den Köpfen geborenen Ideen, wie man z.B. Pfeile oder Äxte herstellt, wo man Gifte dafür findet usw., die entscheidende «Nahrung», die letztlich das Überleben dieser «Gesellschaften» ermöglicht hat. Das, was das Nervensystem im menschlichen Organismus vollbringt, nämlich durch Informationsfluss und Austausch die Stoffprozesse zu ordnen und geordnete Bewegungen zu ermöglichen, bewirkt das Kultur- und Geistesleben in der Wirtschaft, indem der ständige Zustrom von Ideen und Entdeckungen die Stoffströme nicht nur unterhält, sondern auch gestaltet und damit überhaupt erst für den Menschen nutzbar macht. Auf eine einfache Formel gebracht, könnte man daher sagen: Das Geistesleben «ernährt» das Wirtschaftsleben, das ohne diesen gewissermaßen «substanziellen» Zustrom von Ideen «verhungern» müsste und eingehen würde.

7.2 Wirtschaftssystem, Produktion

Im heutigen Wirtschaftsleben spielt natürlich der materielle Umsatz von Waren, deren Rohstoffe aus der Natur genommen oder von Menschen erzeugt worden sind (z.B. Kunststoffe) eine große Rolle. Vergleicht man aber das prozessuale Geschehen innerhalb der Wirtschaft, durch die letztlich konsumfähige Waren hervorgebracht werden, so dominiert hierbei das strukturelle Element, das auf dem Austausch von Informationen und Leistungen beruht. Die Herstellung eines Autos z.B. benötigt ein Vielfaches an integrierten Informationen und technischem Wissen im Vergleich zu der Herstellung eines Raumfahrzeuges. Aber nicht nur die Produktion selbst, sondern auch die Unternehmen, die Waren herstellen, sind vielfach untereinander verzahnt und miteinander verflochten. Man denke nur an die verschiedenartigen Zulieferer oder Abnehmer, deren Arbeitsweise auch zeitlich präzise miteinander koordiniert werden muss. Dies alles sind primär keine materiellen, sondern strukturelle, informationsgesteuerte Prozesse. Die moderne Wirtschaft stellt daher ein hoch differenziertes Maschenwerk von Strukturen dar, die aufeinander angewiesen sind und nur durch ein präzise gesteuertes Miteinander, d.h. durch **Kooperation** («Brüderlichkeit») gesund arbeiten können und damit langfristig gesehen lebensfähig bleiben.

Betrachtet man das Funktionsgeschehen innerhalb des menschlichen Nervensystems, so finden wir hier eine ähnliche informative Vernetzung, besonders im Bereich des **autonomen Nervensystems**. Dieses produziert selbstverständlich keine Stoffe («Waren»), aber es regelt die Stoffprozesse innerhalb der Eingeweide. Es koordiniert die Funktionsvorgänge in den verschiedenen Organen, sodass ein harmonisches Zusammenspiel dieser äußerst komplizierten und differenzierten Vorgänge, die zur Erhaltung des Körpers notwendig sind, möglich wird. Wird z.B., bedingt durch erhöhte körperliche Leistungen, ein Organbereich (Muskulatur o.Ä.) stärker beansprucht, so schaltet das autonome Nervensystem die Versorgung anderer Organe ab bzw. reduziert diese, sodass die Harmonie des Gesamtsystems erhalten bleibt. Das zugrunde liegende Funktionsprinzip ist also das **Miteinander** (Kooperationsprinzip), das durch Informationsaustausch und präzise (auch zeitlich strukturierte) Regulationen die Stoffprozesse der Organe lebensfähig erhält. Normalerweise laufen diese Vorgänge im Organismus unbewusst ab. Würden wir mit unserer Freiheit, die nur zu oft dem Egoismus statt dem Leben dient, dahinein wirken, so würden sich Krankheitsprozesse ergeben.

Man kann aus den im menschlichen Organismus ablaufenden Prozessen lernen, dass im Wirtschaftssystem, in dem im Grunde die gleichen Funktionsprozesse vorhanden sind wie im Stoffwechselsystem und dem zugehörigen autonomen Nervensystem, ein gesundes Leben nur möglich ist, wenn als oberstes Funktionsprinzip das **Miteinander,** d.h. die **Kooperation** («Brüderlichkeit») zur Geltung kommt und **nicht** die Freiheit (nach dem unsinnigen und widersprüchlichen Motto «freie und soziale Marktwirtschaft», vgl. dazu besonders Roland Baader[63]) (Abb. 4).

Konsum

Freiheit kann als sinnvolles Funktionsprinzip erst im Konsumbereich zur Geltung kommen. Der Konsument muss sich frei entscheiden können, welche Produkte der Wirtschaft er kaufen will und welche nicht. Würde der Mensch etwa durch den Staat oder durch die Wirtschaft selbst gezwungen, Dinge zu konsumieren, die er gar nicht will oder für die im Grunde gar keine Bedürfnisse vorhanden sind, wäre das System korrumpiert und Freiheit nicht mehr möglich. In diesem Funktionsbereich des Wirtschaftssystems spielen die durchaus unterschiedlichen und z.T. sehr differenzierten Bedürfnisse der Menschen eine Rolle, die sich auch z.B. in Moden, Trends, speziellen Liebhabereien oder gesellschaftlichen Lebensnotwendigkeiten äußern. Diese Bedürfnisse wahrzunehmen und darauf zu reagieren, ist eine zentrale Aufgabe des Wirtschaftssystems.

Im menschlichen Organismus hat das zentrale Nervensystem (Gehirn, Sinnesorgane) die Fähigkeit, die Umwelt wahrzunehmen und die Eindrücke entsprechend zu verarbeiten. Welche Intentionen nicht nur bei der Wahrnehmung, sondern auch bei der ideellen Verarbeitung der Sinneseindrücke im Einzelnen realisiert werden, bleibt jedem Menschen überlassen. Er hat die Freiheit, damit umzugehen, wie er will. Der gegenüber dem Tierreich ungeheuer große Freiraum, den der Mensch durch sein zentrales Nervensystem gewonnen hat, ermöglicht es ihm, das Leben so zu «konsumieren», wie es ihm gefällt.

Man sieht, dass im Konsumbereich der Wirtschaft ähnliche Funktionsprozesse vorhanden sind wie im menschlichen Nervensystem und dass hier das Prinzip der Freiheit entscheidend im Vordergrund stehen muss (Abb. 4).

Konsumieren heißt aber nicht nur verbrauchen. In der Konsumebene spielen Informationsaustausch, Strukturierung und Vernetzung eine ebenso große Rolle für die Bedürfniswahrnehmung wie für die Bedürfnisbefriedigung. In der Menschheitsgeschichte gibt es eine Fülle von Beispielen dafür, wie sich die Bedürfnisse der Menschen verändert haben durch die Wahrnehmung der Verhaltens- und Lebensweisen bestimmter Gesellschaftsschichten oder Völker. Dabei sind die Bedürfnisse, sich z.B. in bestimmter Weise zu kleiden oder wohnungsmäßig einzurichten, oft aus den Untergründen der Seele in Zusammenhang mit den jeweiligen Lebens- und Weltanschauungen entstanden.

Das Wirtschaftssystem kann dieses z. T. unterbewusst vorhandene Bedürfnispotenzial – häufig mehr intuitiv als bewusst – wahrnehmen und dann durch seine Produkte dem Konsumbereich die für die jeweiligen Zeitverhältnisse typische Struktur geben. Hierbei sollte aber das Prinzip der Freiheit für den Konsumenten gewahrt bleiben.

Die heutige Wirtschaft tendiert dazu, die Bedürfnisse selbst zu produzieren, um Absatzmärkte zu schaffen. Dabei werden dann z.B. durch Reklame und Propaganda Informationen verbreitet, die den tatsächlichen Zusammenhängen nicht entsprechen und den Freiraum der Konsumenten beschränken. Das wäre beim menschlichen Organismus etwa so, wenn man dem Gehirn durch eine farbige Brille vor dem Auge oder durch den Konsum einer Droge ein Bild der Umwelt verschaffte, das nicht voll der Wirklichkeit entspricht und dann zu Fehlverhalten oder sogar Erkrankungen führen kann.

Markt

Zwischen dem Konsumbereich und der Produktion liegt noch ein dritter Funktionsbereich, der meist unter dem Begriff Markt zusammengefasst

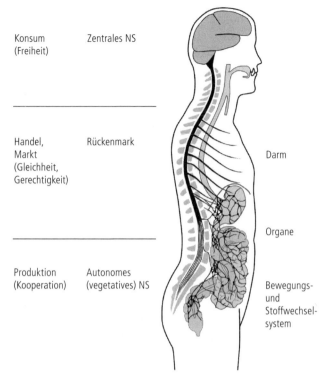

Konsum (Freiheit)	Zentrales NS	
Handel, Markt (Gleichheit, Gerechtigkeit)	Rückenmark	Darm
		Organe
Produktion (Kooperation)	Autonomes (vegetatives) NS	Bewegungs- und Stoffwechsel- system

Abb. 4. Funktionsbereiche und zugehörige Prinzipien der Wirtschaft im Vergleich mit den entsprechenden Bereichen des menschlichen Organismus.

wird. Hier vollzieht sich der Handel zwischen Angebot und Nachfrage. Es ist eine im Wesentlichen auf Adam Smith[23] (1776) zurückgehende, auch heute immer noch vertretene Vorstellung, dass sich der Markt automatisch (wie «durch eine unsichtbare Hand») durch Angebot und Nachfrage selbst regulieren würde. Aber eine genauere Untersuchung kann leicht zeigen, dass sich in der langen Wirtschaftsgeschichte des Abendlandes der Markt noch nie frei, d.h. aus sich selbst heraus reguliert hat, was auch von zahlreichen angesehenen Autoren bestätigt worden ist (M. Chossudovsky[7], E. Altvater et al.[8], J.E. Stiglitz[9b], W. Latrille[24], O. Issing[25], H.Cl. Recktenwald[27]). Es hat immer (z. T. sehr mächtige) Kräfte gegeben, die den Markt und damit die Preise in ihrem Sinne zu beeinflussen versucht haben.

Das Marktgeschehen steht sozusagen im Zentrum des Wirtschaftssystems. In ihm vollzieht sich der Austausch von Produktion und Konsumtion, wobei der **gerechte** Preis gefunden werden muss. Hier darf also nicht, wie in den beiden anderen Bereichen, Freiheit oder kooperatives Miteinander vorherrschend sein, sondern hier muss ein neues Funktionsprinzip das bestimmende werden, nämlich Gerechtigkeit, die letztlich auf der (zumindest funktionellen) Gleichheit bzw. Gleichwertigkeit der Handelspartner basiert. Jeder Kauf oder Verkauf ist im Grunde immer eine Rechtsangelegenheit, bei der das Prinzip der Gleichheit die dominierende Rolle spielen sollte. Einen «freien», willkürlich von einzelnen Partnern beeinflussten Markt darf es daher eigentlich nicht geben, wenn die Preise «gerecht» sein sollen.

Wir können viel gewinnen, wenn wir bei dieser (heute immer noch sehr kontrovers diskutierten) Problematik auf die entsprechenden Funktionszusammenhänge im menschlichen Organismus schauen.

Beim Menschen liegt die «Marktsphäre» gewissermaßen in der Mitte zwischen Kopf und Eingeweiden, da, wo wir Energie verbrauchen, z.B. durch Bewegungen des Körpers im irdischen Raum oder durch Denken im geistigen Raum. Für beides brauchen wir Sinneseindrücke von der Umwelt, um uns im Raum zu orientieren, und Bewegungsorgane, die uns die Umwelt motorisch erschließen. Wenn wir uns bewegen, verbrauchen die Muskeln Energie, die vom Blutgefäßsystem in Form von Zuckern und anderen Stoffen angeliefert wird. Die Muskulatur erhält einmal vom Stoffwechselsystem ihre Energiezufuhr, sozusagen die Willens- oder Stoffseite des Bewegungsgeschehens, zum anderen aber auch vom Nervensystem eine «Informationszufuhr», sozusagen die (ideelle) Regulationsseite des Bewegungsgeschehens (Abb. 5A). Die vom Rückenmark ausgehenden Nervenpaare (Spinalnerven), die die Muskeln innervieren, bilden zwischen Gehirn und dem autonomen Nervensystem einen mittleren (rhythmisch gegliederten) Strukturbereich, der einerseits Informationen aus der Muskulatur (afferente Nerven) erhält, andererseits aber auch zur Muskulatur hin verlaufende (efferente oder «motorische») Nerven besitzt. Durch die afferenten Nerven erhält das Nervensystem

(Rückenmark, Gehirn) Informationen über den Kontraktionszustand der Muskulatur (Tonus usw.), durch die «motorischen» Nerven kann die Kontraktilität im Gesamtkontext des Bewegungsapparates geregelt werden. Im einfachsten Fall bilden die zu- und abführenden Nerven (afferente und efferente Nerven) einen automatisch zusammenarbeitenden Reflexbogen, um z.B. eine rasche reflektorische Bewegung zu initiieren. Jeder weiß, wie schnell ein Reflex abläuft, wenn man z.B. von einem Insekt gestochen wird oder sich an einem heißen Gegenstand die Finger verbrennt. Man kann aber auch diese Reflexsysteme willkürlich verändern, d.h. bestimmte Bewegungsabläufe einüben, trainieren, umgestalten usw., sodass schließlich Bewegungsformen zustande kommen, die unseren – in Freiheit entwickelten – Bewegungsvorstellungen entsprechen. Dies ist z.B. bei bestimmten sportlichen Übungen, aber auch beim Spielen eines Instrumentes der Fall. Man sieht, dass in diesem mittleren Bereich des Nervensystems die miteinander verbundenen zu- und abführenden Nervenbahnen eine gewisse Gleichwertigkeit haben müssen, um letztlich – zusammen mit dem Stoffwechselsystem – einen harmonischen Funktionsablauf bewirken zu können (J. W. Rohen[15]). Zwar haben wir eine gewisse Freiheit bei der Intendierung von Bewegungen, aber im Organischen selbst dominiert die automatische, präzise Kooperation, sodass die zu- und abführenden Nerven funktionell immer gleichwertig sind. Damit spielt hier im übertragenen Sinne genauso wie beim Marktgeschehen das Prinzip der Gleichheit eine entscheidende Rolle (Abb. 5).

Im **Marktbereich** begegnen sich – wie wir gesehen haben –, wie bei den Reflexsystemen die Interessen der Konsumenten und Produzenten (Abb. 5B). Es ist leicht einzusehen, dass die Verknüpfungen dieser beiden Funktionsbereiche des Marktes umso komplexer werden müssen, je differenzierter die Bedürfnisse und je höher die Ansprüche der Konsumenten auf der einen Seite und die technischen Möglichkeiten der Produzenten auf der anderen werden.

Im Laufe der letzten Jahrzehnte haben sich die technischen Möglichkeiten dramatisch vergrößert, was dazu geführt hat, dass die Verknüpfungen der Einzelprozesse dieser Funktionskreise unendlich viel komplizierter geworden sind. Man denke nur an die zahlreichen Zwischenstationen, die ein Produkt erfährt, bevor es an den Konsumenten gelangt. Man denke auch an die verschiedenartigen Zulieferer und Zwischenproduzenten, die zwischen Hersteller und Verbraucher, aber auch zwischen den Herstellern selbst ein hoch differenziertes «Schaltsystem» entwickelt haben, das den nervösen Schaltnetzen im Nervensystem durchaus vergleichbar ist. Damit das Wirtschaftssystem störungsfrei funktionieren kann, bedarf es eines vielfachen Informationsflusses zwischen den verschiedenen Gliedern, der exakt aufeinander abgestimmt sein muss, ähnlich wie bei den Nervenzellverbindungen im Gehirn.

Aber noch ein weiterer Funktionskreis, der meist unberücksichtigt bleibt, spielt im Marktgeschehen eine wichtige Rolle, nämlich der, der mit dem Kultur- und Geistesleben zusammenhängt (Abb. 5B). Ähnlich wie beim Bewegungsapparat Stoffwechsel und Kreislauf vonnöten sind, um den Energieumsatz zu garantieren, kommen die Impulse des Marktes primär gar nicht vom Wirtschaftssystem selbst, sondern vom «Geistesleben». Neue Ideen, neue Ansichten, neue Verhaltensweisen verändern, oft tief greifend, die Bedürfnisse der Konsumenten sowie dann auch die Produktionen in der Wirtschaft. Man denke nur an die Architekten, die neue Stilformen kreieren, an die Designer, die neue Moden entwerfen, oder die Künstler, die oft vollkommen Neues gestalten, das in der Seele der Konsumenten Begeisterung (oder Ablehnung) wecken kann. Von dieser Seite kann durchaus das Prinzip der Freiheit einen gewissen Geltungsbereich beanspruchen. Es ist aber generell gar nicht sinnvoll, dem Marktgeschehen absolute Freiheit einzuräumen, das hieße im Vergleich mit dem Nervensystem, den sinnvoll miteinander verbundenen (afferenten und efferenten) Nervenbahnen zu erlauben, unabhängig voneinander zu agieren. Eine geregelte Motorik könnte dann nicht mehr zustande kommen. Wie im menschlichen Organismus zwischen dem afferenten (wahrnehmenden) und dem efferenten (ausführenden) Schenkel der geschilderten Reflexbögen das koordinierende, verändernde oder steuernde Zentralorgan (Rückenmark, Gehirn) eingeschaltet ist, müsste im Wirtschaftskreislauf zwischen dem (egoistischen) Konsumenten und dem (ebenfalls egoistischen) Produzenten ein koordinierendes bzw. harmonisierendes Regelorgan eingeschaltet werden, wie das z.B. R. Steiner[21,22] in Form von **«Assoziationen»** erstmalig vorgeschlagen hat. Diese «Wirtschafts-räte» (ökonomische Gremien oder «Assoziationen») sollten aus Vertre-

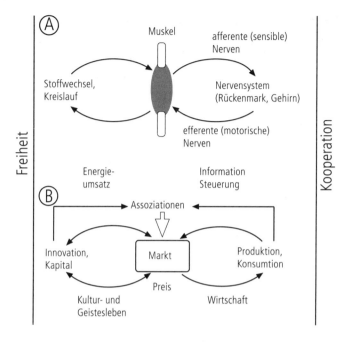

Abb. 5. A. Funktionskreise, die beim Bewegungssystem des
menschlichen Organismus eine Rolle spielen
B. Vergleichbare Funktionskreise im sozialen Organismus,
die den Markt beeinflussen und letztlich den Preis
regeln.

tern der Konsumenten und der Produzenten, aber auch aus Vertretern
des Handels selbst, der Banken und des Geisteslebens zusammengesetzt
sein. Solche Gremien könnten letztlich das Marktgeschehen und damit
die Preise, die dann «gerechte» oder gerechtfertigte Preise wären, regeln
(vgl. dazu besonders W. Latrille[24], St. Leber Bd. 2[12], L. Bos[28], D. Vogel[29],
H. H. Vogel[30], F. Wilken[31], W. Schmundt[32], P. N. Waage[33]). Auf dieser
Ebene sollte und könnte dann auch ein gesundes Konkurrenzprinzip im
Marktbereich zur Wirksamkeit kommen.

Man ist natürlich versucht, hier sofort an die staatliche Wirtschaftslen-
kung ehemals kommunistischer Staaten zu denken. Aber bei diesen Assoziationen würde es sich um staatsunabhängige, frei gewählte Gremien

handeln, die ihre Entscheidungen ohne jede Rücksicht auf Politik oder andere Interessengruppen treffen würden, was ja gerade die gesundende und belebende Wirkung dieser Einrichtungen für die Wirtschaft ausmachen würde. Brächte man hier das Konkurrenzprinzip zur Geltung, so würden in diesen Gremien die gegensätzlichen Interessen zwar unter Umständen hart aufeinander prallen, aber letztlich aus den sachlichen Notwendigkeiten und dem gegenseitigen Verständnis der Prozesse heraus entschieden und damit entschärft werden. Im Erkenntnisringen um die beste Lösung würde sich das jeweils Beste durchsetzen und damit den Produktionsbereich von überflüssigen Produktionszwängen entlasten. Der Preis würde sachlich und nicht mehr tendenziell bestimmt sein (vgl. a. St. Leber, Bd. 3[12], R. Mees[34], H. G. Schweppenhäuser[35,36]).

Gegenwärtig dominiert ja leider vor allem das Produktionsgeschehen im Wirtschaftsleben, weil primär alles auf maximale Profite ausgerichtet ist. Durch technische Einrichtungen kann die Produktion nahezu unendlich gesteigert werden, was Arbeitslosigkeit hervorruft und Steigerungen der Konsumtion notwendig macht. Daher wird mit allen Mitteln (Werbung, Reklame, Preismanipulationen) versucht, den Verbrauch anzuregen, was andererseits wieder Umweltprobleme schafft. Man sieht, dass das prozessuale Geschehen in der heutigen Wirtschaft eine Schieflage hat. Die Produktion sollte auf die Konsumtion, d.h. die realen Bedürfnisse der Menschen ausgerichtet sein, und nicht umgekehrt. Wenn etwa ein Buch gedruckt wird, das dann aber nur zu 10% verkauft wird, sodass schließlich 90% der Auflage makuliert werden müssen, waren 90% der aufgewendeten Arbeit und des verwendeten Materials umsonst. Dann sind Arbeitskräfte und Substanzen (Naturprodukte usw.) vergeudet worden, die in anderen Zusammenhängen sinnvoller hätten eingesetzt werden können. Man vergisst bei diesem einseitigen Profitstreben nur zu gern, dass die Ressourcen der Natur begrenzt sind und dass der Mensch heilend, aber nicht zerstörend in die Natur eingreifen sollte.

Wenn die jetzigen Einseitigkeiten, wie etwa die Tendenzen zur Profitmaximierung oder die Machtinteressen einzelner Gruppen, im Wirtschaftssystem wegfallen würden und die Produktion primär auf die echten Bedürfnisse und Notwendigkeiten der Menschen ausgerichtet würde (z.B. durch das Regulativ der assoziativen Gremien), wäre sogar der Fall denkbar, dass ein Produzent, der wichtige Güter für die Konsumtion herstellt, aber finanziell in Schwierigkeiten geraten ist, durch die Nachbargruppen unterstützt und nicht etwa (ohne Rücksicht auf den Bedarf) in den Konkurs getrieben würde. Hier würde das Prinzip des («brüderlichen») Miteinanders und Zusammenarbeitens Früchte tragen und der Gesellschaft insgesamt neue Lebenskräfte zuführen, wie das vegetative Nervensystem durch den Informationsaustausch zwischen den Organen die Harmonisierung der Lebensprozesse im Stoffwechselsystem ermöglichen und Einseitigkeiten verhindern kann.

7.3. Kultur- und Geistesleben

In der modernen Gesellschaft haben Forschung, technische Entwicklungen, Erfindungen und Ausbildungsmethoden heute eine immer größer werdende Bedeutung für die Wirtschaft erlangt. Wachstum und Differenzierung der Wirtschaft hängen in vielfacher Hinsicht vom Zufluss neuer Ideen ab, die letztlich aus dem Bereich des Kultur- und Geisteslebens stammen. Dieses hat damit innerhalb des sozialen Organismus die gleiche Funktion wie das Stoffwechselsystem innerhalb des menschlichen Organismus. Es «ernährt» gewissermaßen das Wirtschaftssystem, hält es am Leben und fördert seine Entwicklung. Hört der Zufluss neuer Ideen aus dem Geistesleben (Forschung, Innovation) auf, verkümmert das Wirtschaftssystem, wie man es ja in den ehemals kommunistischen Staaten tatsächlich erlebt hat. Unter Kultur- und Geistesleben soll hier alles subsummiert werden, was mit ideellen und geistigen Prozessen zu tun hat, d.h. primär außerhalb materieller oder politischer Interessen liegt. Von funktionellen Gesichtspunkten aus sind hier wiederum drei große, prozessual grundsätzlich verschiedene Bereiche zu unterscheiden. Das erste Gebiet wäre das der reinen Forschung, wie sie an Universitäten und wissenschaftlichen Institutionen betrieben wird. Hier geht es nur um die Entdeckung und Beschreibung geistiger Gesetzmäßigkeiten. Ein polar dazu differenzierter Bereich, bei dem es nicht um die Entdeckung neuer, sondern die Anwendung geistiger Zusammenhänge geht, wäre alles, was mit Technik, aber auch mit Religion und Ethik zu tun hat. Hier wird der Geist angewendet und praktisch erlebt, z.B. im Glauben, aber auch in der technischen Verwirklichung neuer Ideen.

Dazwischen liegt ein zweites (mittleres) Gebiet, bei dem Geist angewendet, aber immer auch wieder neu entdeckt werden muss. Es handelt sich um das Gebiet der **Lehre und Ausbildung**. Bildungs- und Schulungseinrichtungen ermöglichen ihren Schülern, geistige Zusammenhänge zu verstehen und Fähigkeiten zu entwickeln, die auf der Anwendung geistiger Gesetze basieren. Der Lernende lernt vom Lehrer, der Lehrer aber auch vom Schüler. So ergibt sich ein lebendiges Geben und Nehmen – die elementare Grundlage für jedes lebendige Geistesleben. Zu diesem mittleren Gebiet gehören aber auch noch das künstlerische Schaffen und nicht zuletzt die ärztliche Kunst, sodass die vielfältigen Einrichtungen der künstlerischen Produktion und des Gesundheitswesens auch in den Bereich des Kultur- und Geisteslebens einzuordnen sind (Abb. 6).

Betrachtet man im Vergleich dazu das menschliche **Stoffwechselsystem**, so wird auch hier wieder eine funktionelle Dreigliederung erkennbar. Wie oben erwähnt, beginnt das Stoffwechselgeschehen im Darmsystem. Aber der Organismus ernährt sich nicht direkt aus den aufgenommenen Stoffen, sondern benützt diese nur als Anregung, seine eigene Stoffeswelt aufzubauen und die für ihn typischen Entwicklungs-, Regenerations- und Wachstumsvorgänge zu unterhalten. Hierfür benötigt der Körper die Mitwirkung der großen Organe (z.B. Leber, Nieren usw.), die vor allem in der Bauchhöhle untergebracht sind. Stoffwechsel bedeutet immer Aufbau und Abbau von Stoffen, die für das individuelle Leben notwendig sind. Die gewonnenen Energien werden nicht nur innen bei den Lebensprozessen des Körpers, sondern auch außen, z.B. durch das Bewegungssystem der Muskeln, verbraucht.

Somit ergeben sich im Stoffwechselsystem letztlich auch wieder drei große Funktionsbereiche. Im Darm erfolgt die Nahrungsaufnahme und die Auseinandersetzung mit der (stofflichen) Umwelt. Im Bewegungsapparat (Gliedmaßen) werden die aufgebauten Energien zur Anwendung gebracht, wodurch die Umwelt verändert oder umgestaltet werden kann. In der Mitte zwischen diesen beiden polaren Prozessgruppen stehen die Organe, die ausgleichend und harmonisierend nach der einen wie nach

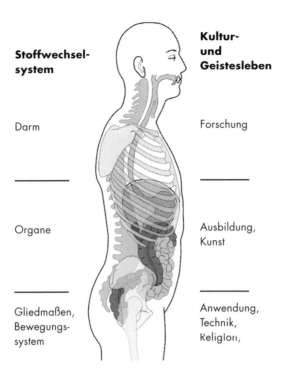

Stoffwechsel-system

Kultur-und Geistesleben

Darm

Forschung

Organe

Ausbildung, Kunst

Gliedmaßen, Bewegungs-system

Anwendung, Technik, Religion,

Abb. 6. Dreigliederung der Funktionsprozesse im Stoffwechselsystem und im Kultur- und Geistesleben im Vergleich.

der anderen Richtung wirken und damit zentral das «Rad des Stoff-wechselgeschehens» am Laufen halten können.

Wenn man nun wiederum nicht das Stoffliche selbst ins Auge fasst, sondern das Prozessuale, das sich mit und an den Stoffen abspielt, ge-winnt man überraschende Vergleichsmöglichkeiten mit dem, was man das «Ernährungsgeschehen» innerhalb des sozialen Organismus nen-nen könnte. Wie gesagt, lebt die Wirtschaft (wie vieles andere auch) da-von, dass neue Ideen durch die Auseinandersetzung mit dem zunächst als außerhalb empfundenen Geistigen gewonnen (Forschung) und dann in die Gesellschaft aufgenommen werden. Wachstum, Entwicklung, soziale Veränderungen, aber auch Regenerationsvorgänge innerhalb des sozialen

Organismus leben von diesem ständigen Zustrom neuer Impulse aus dem Geistesleben (Forschung, Erziehung usw.).

Das Geistesleben innerhalb der Gesellschaft hat natürlich, je nach der Natur und den Begabungen der betreffenden Völker, verschiedenen Charakter. Dadurch ergeben sich oft bedeutende Unterschiede in der Ausprägung des sozialen Geschehens, z.B. in der Geschwindigkeit des wirtschaftlichen Wachstums, in der Art, wie man etwa mit Katastrophen, die Regenerationsprozesse erfordern, fertig wird, wie intensiv man neue technische Ideen aufgreift usw. Das Kultur- und Geistesleben prägt in der Gesellschaft das Leben schlechthin, so wie der Stoffwechsel im Menschen Gedeihen oder Verkümmern der Körperlichkeit bewirken kann.

Die gestaltende («ernährende») Kraft des Kultur- und Geisteslebens für die Wirtschaft hängt aber ihrerseits wiederum in entscheidender Weise von einem «mittleren Funktionsbereich» ab, den man mit Ausbildung, Lehre, künstlerischen Aktivitäten usw. umschreiben kann. Hier werden neue Talente entdeckt und ausgebildet. Hier erhält die Gesellschaft ständig einen Zustrom an neuen Fähigkeiten und Impulsen, so wie in den körperlichen Organen durch Aufbau und Abbau der Stoffe die Lebensfähigkeit des Organismus aufrechterhalten wird.

Was in der Forschung entdeckt und in den Schulen zu Fähigkeiten weiterentwickelt worden ist, kann aber für die Entwicklung des sozialen Organismus nur fruchtbar werden, wenn es auch angewendet wird. Hier kommt der dritte große Bereich des Kultur- und Geisteslebens ins Spiel, der Anwendungsbereich (Innovation). Im menschlichen Körper werden aus den im Stoffwechsel gewonnenen Energien z.B. Bewegungsvorgänge ermöglicht und Taten vollbracht.

In der Gesellschaft können aus allem, was Forschung und Lehre zustande gebracht haben, neue Impulse für Wirtschaft und Lebensgestaltung der Menschen entstehen. Die ungeheure Ausweitung technischer Möglichkeiten, die die Gesellschaft in den letzten Jahrzehnten erlebt hat und die durch die Anwendung neu entdeckter Gesetzmäßigkeiten zustande gekommen ist, gehört beispielsweise hierher. Tatkräftige Unternehmer haben die neuen Ideen aufgegriffen und dadurch die Gestalt der Gesellschaft von Grund auf verändert. Hier fließt ständig Geistiges in die materielle Welt hinein und verändert diese, so wie die aus dem Stoffwechsel hervorgehenden Energien unsere Leiblichkeit und ihre Äußerungen ständig verändern, umgestalten und regenerieren (Abb. 6).

Es wird aus dieser Sicht aber auch klar, was falsche oder einseitige Ideen für die Gesellschaft bedeuten und welche Fehlentwicklungen oder «Wachstumsstörungen» daraus hervorgehen können. Insofern ist es keineswegs reine «Privatsache», wie weit Ethik und Religion noch in diese Prozesse mit einbezogen werden. Die «Weltanschauungen», wie sie aus Forschung und Lehre hervorgegangen sind, haben in der Tat in den letzten Jahrhunderten bis in die Arbeitsmoral und die Verhaltensgewohnheiten der Menschen die Gesellschaft entscheidend geprägt.

Schließlich darf natürlich bei dem Vergleich zwischen menschlichem und gesellschaftlichem Organismus nicht unerwähnt bleiben, dass die Wirtschaft ihrerseits selbstverständlich materiell auch die Funktionsbereiche des Kultur- und Geisteslebens versorgen und unterhalten muss. Die Gewinne der Wirtschaft sollten daher nicht größtenteils in die Wirtschaft reinvestiert werden, sondern im Geistesleben «verbraucht» werden. Dies ist keine «Ernährung» im obigen Sinne, sondern eine Strukturierung des Kultursektors der Gesellschaft. Durch den Geldzufluss können sich Strukturen herausbilden, die für das Geistesleben notwendig sind (Institutionen, Schulen, Theater, Forschungseinrichtungen usw.) und – ähnlich wie vom Nervensystem im Körper die Stoffwechselorgane – aufgebaut und erhalten werden können. Die Institutionen des Geisteslebens müssten aber über die Verwendung der Gelder in freier Weise selbst entscheiden können, um einseitige Interessen seitens der Wirtschaft oder Machtkämpfe zu vermeiden.

Überblickt man den Aufbau des Geisteslebens nochmals als Ganzes, so ergibt sich wieder ganz zwanglos, dass die drei großen charakterisierten Funktionsbereiche jeweils unter einem anderen Grundprinzip arbeiten müssen, wenn sie gesund und reibungslos funktionieren sollen. Im Bereich von Wissenschaft und Forschung müsste größtmögliche Freiheit vorhanden sein. Im mittleren Bereich, der z.B. Ausbildung, Lehre, Erziehung oder Kunst umfasst, müsste das Gleichheitsprinzip dominieren, so wie auch im Nervensystem zwischen den afferenten und efferenten Nervenbahnen Gleichwertigkeit vorhanden ist, um die Harmonie der Bewegungen auf der Grundlage der verschiedenen Reflexsysteme zu erhalten.

Schließlich kommt im unteren Bereich des «Geisteslebens», wo Anwendungen, Innovationen und praktische Prozesse eine Rolle spielen, noch das Kooperationsprinzip hinzu, wie wir es bei den Regulationen des autonomen Nervensystems beschrieben haben, das durch ausgleichende, regulative Steuerungen innerhalb der Stoffwechselorgane ein kooperatives Miteinander der Organprozesse ermöglicht und damit einseitige Wachstums- oder Regenerationsprozesse, wie z.B. Tumorbildungen, verhindert (Abb. 6). Wir sind in dieser Ebene in gewissem Sinne der «Brüderlichkeit» verpflichtet, deren tiefste Quelle die Moralität darstellt, die im heutigen Wirtschaftsleben weitgehend fehlt, nicht zuletzt deswegen, weil das Geistesleben einerseits keine Selbstverwaltung besitzt, andererseits aber auch aus sich heraus die tragenden Ideen dafür noch nicht entwickelt hat.

8. Das Rechtssystem der Gesellschaft im Vergleich mit dem rhythmischen System im menschlichen Organismus

Der Staat, wenn er eine moderne Demokratie und keine zentralistische Diktatur darstellt, weist, wie oben dargestellt, ebenso wie die beiden anderen großen Funktionssysteme der Gesellschaft (Wirtschaft, Kultur- und Geistesleben), eine funktionelle Dreigliederung auf. Die Judikative ist die Rechtsprechung, die Legislative die Gesetzgebung und die Exekutive die Rechtswahrung bzw. Erhaltung der staatlichen Ordnung. Im sozialen Organismus schaffen die von den politischen Gremien beschlossenen Gesetze Ordnungsstrukturen, die die Aktivitäten, die in den anderen, an sich selbstständigen Systemen auftreten, regeln und mit den Lebensbedürfnissen der zum Staatsgebiet gehörenden Menschen in Einklang bringen sollen. Dies ist eine ähnliche Funktion, wie sie im menschlichen Organismus das Herz-Kreislaufsystem ausübt. Die Blutgefäße bringen das «ernährende» (sauerstoffreiche) Blut zu den Organen, sodass diese arbeiten können. Jede Unterbrechung der Blutversorgung würde Zellzerstörung und Funktionsausfall der Organe bedeuten. In ähnlicher Weise können in der Gesellschaft falsche gesetzliche Regelungen zu Funktionsausfällen, Krisen, eventuell sogar zu Revolutionen führen. In der Vergangenheit gibt es viele Beispiele, die zeigen, wie eine verfehlte Politik die Geldströme in falsche Richtungen gelenkt und dadurch nicht nur Wirtschaftsunternehmen, sondern auch Institutionen des Kultur- und Geisteslebens zerstört hat.

Die **Legislative**, d.h. die Gesetzgebung, ist das Zentrum des gesellschaftlichen Gefüges, gewissermaßen das Herz der Gesellschaft, von dem die Rechtsfestsetzungen Ordnung schaffend in die Gesellschaft ausstrahlen. Der seinen Beruf ernst nehmende Politiker sollte normalerweise aus der Peripherie, d.h. vom Volk oder von den verschiedenen Institutionen, über die Wirkung der Gesetze Rückmeldungen erhalten und gegebenenfalls Veränderungen in Gang setzen. Die die Gesetze beschließenden Politiker müssten also so etwas wie ein Gefühl für den «Willen und die Bedürfnisse des Volkes» entwickeln, so wie im menschlichen Organismus das Herz die Bedürfnisse der Organe für die jeweilige Durchblutung «wahrnimmt» und entsprechend seine Aktivität beschleunigt oder verlangsamt (Abb. 7).

Wenn sich der Staat, wie das in der modernen Gesellschaft einzig funktionsgerecht wäre, lediglich auf die Rechtsfunktionen beschränken würde, d.h. Wirtschafts- und Kulturbereich unabhängig und sich selbst verwaltend organisiert wären, wäre der Staat der einzige Ort, wo die ethnische Differenziertheit zur Geltung kommen könnte. Die kulturellen Besonderheiten, wie auch die Unterschiede im Wirtschaftsraum (Naturressourcen, Klima) könnten dann im staatlich-rechtlichen Bereich zur Geltung kommen und würden nicht, z.B. durch Globalisierung, Liberalisierung usw., vergewaltigt und vermanscht (vgl. E. Altvater et al.[8]). Dafür müssten die Politiker allerdings dann auch ein Fingerspitzengefühl entwickeln, was letztlich eine lohnendere Aufgabe wäre, als die politischen Machtkämpfe unserer Tage zu bestreiten.

In der **Judikative**, dem «oberen» Bereich des Rechts- und Staatssystems, findet die Rechtsprechung statt. Dadurch, dass das gesetzte Recht auch angewendet wird, entsteht in der Gesellschaft ein geistiger Freiraum, in dem die Bürger ruhig «atmen» können. Sie brauchen Kriminalität und Rechtsbeugung, Willkür und Gewalt nicht zu fürchten, da die Schuldigen vor ein Gericht gestellt werden, das – wiederum durch Hinhorchen auf das im Volke und in der Zeit lebende Rechtsgefühl – ein gerechtes Urteil (selbstverständlich im Rahmen des geltenden Rechtes) fällen würde. Damit könnte das Leben des Einzelnen, auch im Rahmen seiner Tätigkeit innerhalb der Wirtschaft oder der kulturellen Institutionen, dauerhaft gesichert werden. Außerdem bewirkt die Rechtsprechung aber nicht nur die Rechtswahrung, sondern auch eine Konfliktlösung, die oft entscheidend zur Harmonisierung des gesellschaftlichen Zusammenlebens beiträgt.

Im menschlichen Organismus sorgt die Atmung für den Erhalt der Lebensvorgänge in den Zellen und Organen (Abb. 7). Der durch die Atmungsorgane aufgenommene und durch den Kreislauf verteilte Sauerstoff ist der «Lebensstoff», der die Tätigkeit der Körperzellen auf die-

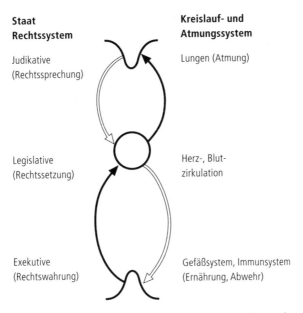

Staat   **Kreislauf- und**
Rechtssystem   **Atmungssystem**

Judikative   Lungen (Atmung)
(Rechtssprechung)

Legislative   Herz-, Blut-
(Rechtssetzung)   zirkulation

Exekutive   Gefäßsystem, Immunsystem
(Rechtswahrung)   (Ernährung, Abwehr)

Abb. 7. Dreigliederung des Rechtssystems im Vergleich mit dem
Herz-Kreislauf- und Atmungssystem.

ser Erde erst ermöglicht. Ohne Sauerstoff würde das Leben sehr schnell
erlöschen. Die im Zellstoffwechsel gebildete Kohlensäure wird durch
die Lungen ausgeschieden, die «im Gegenzug» dann wieder Sauerstoff
aufnehmen. Die Atmung ist also im Organismus ein lebenswichtiger
Prozess, der für die eigenständigen Leistungen der Organe eine unbe-
dingte Voraussetzung darstellt.

In ähnlicher Weise muss die Rechtsprechung die eigenständigen (und
unabhängigen) Leistungen der verschiedenen Bereiche des sozialen Organismus ermöglichen und damit diese Bereiche am Leben erhalten. Was
wäre die Wirtschaft oder der Kulturbereich, wenn Recht nicht Recht
bliebe und die rechtliche Ordnung nicht, wie ein gewaltiges Ein- und
Ausatmen, durch alle Stuben und Büros der Gesellschaft spürbar bliebe,
sodass jeder die «freie Luft» des Rechtsstaates als sichere Grundlage
seines Lebens erleben könnte.

Der «untere» Bereich des Rechtssystems ist die **Exekutive**, d.h. die

Rechtserhaltung durch Strafen und Strafvollzug. Durch Strafen und Erziehungsmaßnahmen könnte aber auch versucht werden, die nicht in das soziale Gefüge passenden Menschen so zu verändern, dass sie wieder in das Ordnungssystem der Gesellschaft eingegliedert werden könnten. Das ist ein Prozess, der im menschlichen Körper vom Immunsystem bewirkt wird (Abb. 7). Der Körper kann sich durch die Bildung von Abwehrstoffen (Antikörpern) oder durch spezielle Zellen gegen nicht zum Organismus gehörige Fremdelemente wehren. Diese immunologischen Abwehrprozesse sind sehr kompliziert. So machen z.B. bestimmte Formen weißer Blutkörperchen regelmäßige «Patrouillefahrten» durch den Organismus, um Fremdelemente aufzuspüren. Diese Blutzellen müssen natürlich zuerst «lernen», eigene von fremden Zellen zu unterscheiden, wofür sich besondere Organe (Thymus, Lymphorgane) entwickeln, die z.B. mit Exekutivorganen des Staates verglichen worden sind. Der menschliche Organismus verteidigt sich also auf verschiedenste Weise gegen Fremdeinflüsse und wahrt dadurch seine Integrität sowie die Besonderheiten seiner individuellen leiblichen Struktur.

In ähnlicher Weise schützt sich der soziale Organismus z.B. vor Rechtsbrüchen oder Willkürakten durch seine verschiedenen Exekutivorgane, die damit die gleichen Funktionen erfüllen wie das Immunsystem des menschlichen Organismus.

9. Blutzirkulation und Geldwesen

9.1. Funktionen des Geldes

Im sozialen Organismus spielt das Geld eine ähnliche Rolle wie das Blut im menschlichen Organismus. Man kann daher auch, ähnlich wie beim Blut, von einer «Zirkulation» sprechen, von Zirkulationsstörungen, von Geldverlusten usw. Betrachtet man die Geldzirkulation innerhalb der beiden geschilderten Funktionsbereiche (Wirtschafts- und Kultursystem) unter Berücksichtigung der drei elementaren Funktionen des Geldes etwas genauer, so ergibt sich das Überraschende, dass das Geld, ähnlich wie das Blut im menschlichen Organismus, in den jeweiligen Bereichen der Gesellschaft seine Natur verändert, dass wir also drei verschiedene Geld-Qualitäten zu unterscheiden haben, die in Abb. 8 (S. 81) als drei Kreisläufe mit jeweils unterschiedlichen Geldwerten charakterisiert werden. Ob Kaurimuscheln, Goldstücke oder Papierscheine als Geld verwendet werden, spielt nur eine untergeordnete Rolle. Wichtig ist die rechtliche Sicherheit (mittlere Schleife in Abb. 8). Damit ist als Erstes der Rechts-Status des Geldes, die Legalität des Geldes ins Auge zu fassen. Geld kann nun als Äquivalent zur Ware verwendet werden. Es hat Warencharakter (G^{+W}). Im Kulturbereich verliert das Geld an Wert. Es dient der Bevorschussung für die geistige Leistung («Schenkungsgeld» nach R. Steiner[22]). Geld kann aber auch – und das wäre die dritte Funktion (untere Schleife in Abb. 8) – für Investitionen verwendet werden («Leihgeld» nach R. Steiner[22]). Dadurch ermöglicht es dem Geist, in die materielle Welt verändernd einzugreifen. Es bekommt in diesem Zusammenhang einen Organisationswert, der Arbeit erspart (Kapitalbildung). Durch die Produktion entstehen dann aber wieder neue Werte (W^{+G}; Abb. 8).

Im **Marktgeschehen** dient das Geld als Tauschmittel. Es erhält seinen Wert durch die vom Wirtschaftssystem produzierten Waren (Warenwert gleich Geldwert, $W^{+G} = G^{+W}$). Der Geldschein ist ein Berechtigungszertifikat für den Einkauf von Waren. Werden zu wenig Waren produziert, verliert das Geld an Wert (Inflation), werden zu viele Waren produziert, gewinnt es an Wert (Deflation). Die Teilnehmer am Marktgeschehen geben Waren und erhalten dafür Geld oder geben Geld und erhalten dafür Waren (Tauschwirtschaft). Sind Waren und Geld im Handel quantitativ und qualitativ gleichwertig, befindet sich das System im Gleichgewicht. Die Zirkulation ist gewährleistet. Vertrauen und Sicherheit sind das Resultat einer geordneten, stabilen Geldzirkulation, die vom Gesetzgeber (Rechtscharakter des Geldes) garantiert werden muss. Durch den Tausch von Waren gegen Geld oder umgekehrt wird immer ein Rechtsverhältnis begründet, sodass eine gesetzliche Regelung (mittlere Schleife in Abb. 8) notwendig ist, die letztlich nur ein unabhängiges Bankensystem, das dann ein Teil des Geisteslebens wäre, überwachen kann (vgl. R. Mees[34], M. Kennedy[37], H. G. Schweppenhäuser[35], D. Suhr[38], F. Wilken[39]).

Im **Kulturbereich** liegen die Verhältnisse völlig anders (obere Schleife in Abb. 8). Der geistig Arbeitende produziert keine Waren. Er erhält für seine «geistigen» Leistungen Geld, das er gegen Waren eintauscht. Bei allen kulturellen, geistigen oder innovativen Leistungen wird «Geld verbraucht», d.h. Geld, das aus diesem Abschnitt der Zirkulation kommt, hat im Grunde seinen substanziellen, d.h. seinen Warenwert verloren. Es ist zur reinen Bevorschussung geworden. Man sieht es dem Geldschein zwar nicht an, ob er seinen substanziellen Gegenwert (Warenwert) verloren hat oder nicht, aber dennoch bleibt dies eine Tatsache. Man nehme, um ein Bild zu haben, einen Bäcker, der Brot backt. Für den Verkauf des Brotes bekommt er Geld, für das er selbst vielleicht Kleider kauft. Er gibt Waren in den Kreislauf und tauscht dafür Geld ein, das er wieder für Warenkäufe verwendet (Abb. 8). Der Musiker eines Orchesters aber, der uns den Genuss eines schönen Konzerts verschafft, gibt keine Waren in den Geldkreislauf, erhält aber dennoch (berechtigterweise) Geld für seine Leistungen, ebenso wie jeder an Erfindungen arbeitende Ingenieur. Dadurch, dass dieser musisch oder «geistig» Arbeitende für sein Geld Waren kauft, nimmt er diesem Teil des zirkulierenden Geldes

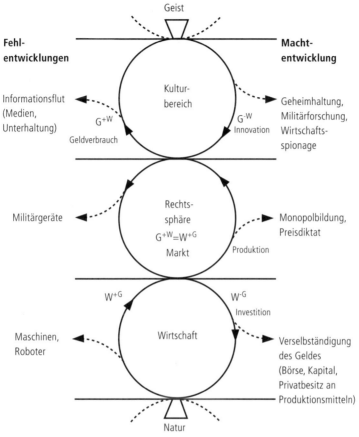

Abb. 8. Der Geldkreislauf in den drei Funktionssystemen des sozialen
Organismus. Im Marktbereich zirkuliert Geld mit Warenwert (G^{+W}) gleichwertig mit Waren, die Geldwert haben (W^{+G}); im Kulturbereich verliert Geld
seinen Warenwert (G^{-W}), während im Produktionsbereich der Wirtschaft die
Ware (Maschinen etc.) ihren Geldwert verliert(W^{-G}), aber durch Einschleusen
von (benötigten!) Waren Geldwerte entstehen (W^{+G}).

den Warenwert weg. Es entsteht Geld ohne Warenwert (G^{-W}). Da dies am
Geldschein aber nicht zu erkennen ist, zirkulieren im Geldkreislauf also
immer Geldscheine mit und ohne Warenwert (obere Schleife in Abb. 8).
   Wieder anders liegen die Verhältnisse im **Investitionsbereich der**

Wirtschaft. Hier verliert das Geld zwar auch seinen unmittelbaren Warenwert, wenn es z.B. in Maschinen oder andere Produktionsmittel investiert wird. Aber hier sind noch materielle Werte vorhanden, wenn diese auch für die aktuellen Bedürfnisse des Marktes keine Rolle spielen. Die Produktionsmittel kann man in der Regel nicht mehr adäquat verkaufen, sie bringen kein Geld ein, erweisen sich aber als nützlich, wenn sie neue Waren hervorbringen, die wieder gegen Geld getauscht werden können. Gegebenenfalls ist das Geld fehlinvestiert und verloren (W^{-G}). Fließen aus dem Produktionsbereich aber neue Waren in den Geldkreislauf, wird das aus dem Innovationsbereich kommende (bildlich gesprochen «nackte Geld») wieder mit einem Warenwert «bekleidet» (W^{+G}), sodass das Gesamtsystem wieder ins Gleichgewicht kommt (untere Schleife in Abb. 8).

Geld kann also auf zweierlei Art «entwertet» werden, zum einen durch den «Verbrauch» im geistigen Bereich (kulturelle Leistungen, Innovationen, Dienstleistungen usw.) und zum anderen durch materielle Investitionen, z.B. durch Kauf von Produktionsmitteln, Naturprodukten usw.

Das geschilderte funktionelle System des Geldes befindet sich so lange im Gleichgewicht, wie der Geld-«Verbrauch» im Geistesleben durch den Warenzustrom aus der Wirtschaft ausgeglichen wird. Der Geldwert bleibt stabil. Die Vergangenheit hat aber gezeigt, dass durch eine Überbetonung des einen oder des anderen Poles dieses Systems die Zirkulation des Geldes geschädigt werden und das System gegebenenfalls sogar zusammenbrechen kann. Man denke nur an die Inflationskrisen und Geldentwertungen nach dem 1. und 2. Weltkrieg (1923, 1948), durch die Milliarden von Vermögenswerten zerstört worden sind. In der jüngsten Vergangenheit haben wir den Zusammenbruch der kommunistischen Planwirtschaft in den Ländern des Ostens erlebt. Durch den Eingriff des Staates hat hier der «obere Bereich» des Geldkreislaufs, der primär keine Waren hervorbringt, sondern nur Werte verbraucht, zu stark expandiert. Statt innovative Ideen zu produzieren, haben die Funktionäre nur Staatsideologien erzeugt, diese verbreitet und überwacht, um die Staatsmacht zu erhalten. Oft war mehr als die Hälfte eines Produktionsbetriebes nur mit Überwachung der produktiv Arbeitenden bzw. mit Planung und

Verwaltung beschäftigt – also mit Tätigkeiten, die das Sozialprodukt nicht vergrößert, sondern verkleinert haben. Das Geld wurde dadurch mehr und mehr entwertet, die Marktzirkulation schrumpfte und die Warenproduktion erlahmte, bis das System schließlich zusammengebrochen ist.

In den kapitalistischen Ländern herrscht interessanterweise genau die entgegengesetzte Tendenz. Hier bildet sich vor allem der Produktionsbereich der Wirtschaft in einseitiger Weise aus. Der Markt wird mit Waren (für die zum größten Teil gar kein echtes Bedürfnis vorliegt) überschwemmt. Es entsteht eine Überproduktion mit allen schädlichen Folgen für Umwelt und Gesellschaft. Es wird immer mehr Geld in Produktionsmittel investiert, sodass der «obere», kulturelle Bereich verkümmert. Die Innovationen werden zum Teil ganz in den Produktionsbereich hereingezogen oder geraten unter die unmittelbare Kontrolle der Produktionssysteme. Eingepresst in den Produktionsbereich bewirken die «vergewaltigten» geistigen Kräfte ein Überschießen der Warenproduktion, ähnlich wie bei einem Tumorwachstum im menschlichen Organismus, bei dem zu viele Zellen hervorgebracht werden, die sich aus dem System des Ganzen isoliert haben und ein Eigenleben entwickeln, das schließlich den Organismus zerstört. Ähnlich wie beim Tumorwachstum das Blutgefäßsystem mehr und mehr an die Geschwulst herangezogen wird, um immer mehr Nährstoffe für das pathologische Wachstum zu liefern, wird auch beim kapitalistischen Wirtschaftssystem das Zirkulationsmittel «Geld» zunehmend als «Kapital» in den Produktionsbereich hineingezogen. Indem aber für das Zur-Verfügung-Stellen von Geld selbst wieder Geld in Form von Zinsen oder Dividenden verlangt wird, beginnt das Geld (ungerechtfertigterweise) selbst einen Warenwert zu bekommen. Das im Produktionsbereich arbeitende Geld wird nicht mehr genügend entwertet, sondern beginnt ein Eigenleben jenseits der Produktionszone zu entfalten. Es kommt zu einer ständigen Geldvermehrung («wucherndes» Geld) und gleichzeitig zur Schrumpfung des Kulturbereiches. Der Markt wird zwar mit Waren überschüttet, aber immer mehr Käufern fehlt das Geld, um diese Waren in dem angebotenen Umfang auch kaufen zu können. Einige der östlichen Länder, die den Kommunismus abgeschüttelt und die westliche «Marktwirtschaft» eingeführt haben (z.B. die baltischen Länder), erleben jetzt diese Kehrseite des Kapitalismus. Die Geschäfte sind voll, ja übervoll, aber kaum jemand kann die Waren kaufen (vgl. M. Chossudovsky[7], H. G. Schweppenhäuser[35,36], St. Leber, Bd. 3[12], E. Altvater et al.[8]).

Im menschlichen Organismus wird das zirkulierende Blut kontinuierlich vom Knochenmark aus regeneriert. Die roten Blutkörperchen, die die Atemgase transportieren und damit den Stoffwechsel lebensfähig erhalten, werden jeweils nach 100 – 120 Tagen erneuert. Die «alt gewordenen» Zellen sterben ab und werden durch neue ersetzt. Wenn Geld im sozialen Organismus dem menschlichen Blut entspricht, müsste es sich eigentlich ebenfalls abnützen und durch neues Geld ersetzt werden. Die mit Geld gekaufte Ware verdirbt, Geld jedoch nicht. So wird das Geld zu einem «unlauteren Konkurrenten der Ware» (R. Steiner[17,22]). Die Notwendigkeit, «alterndes» Geld aus dem Verkehr zu ziehen und durch frisches (regeneriertes, junges) Geld zu ersetzen, ist immer wieder von namhaften Persönlichkeiten gefordert worden (S. Gesell[40], B. Lietaer[10], D. Suhr[38], R. Steiner[16,17,22], H. Benjes[41], L. Vogel[42]).

Vor allem Silvio Gesell[40] hat gefordert, dass das Geld in genau festgelegten Zeitabständen entwertet werden müsse, um der Hortungs- und Vermehrungstendenz entgegenzuwirken. Tatsächlich sind in den 30iger Jahren des vorigen Jahrhunderts fast überall auf der Welt alternative Währungssysteme mit einer Verlustkomponente praktiziert worden. «Alterndes Geld» ist aber keineswegs eine Erfindung der Neuzeit. In der Stauferzeit (12./13.Jh.) wurde z.B. das System der **Brakteaten** entwickelt, bei dem in regelmäßigen Abständen die umlaufenden Münzen «verrufen» und durch neue ersetzt worden sind. (Unter Kaiser Barbarossa erhielt man für 12 alte Pfennige 9 neue). Über 300 Jahre florierte der gesamte mitteleuropäische Handel (von Skandinavien über Russland bis Norditalien) mit dem Geldsystem der Brakteaten (G. Moewes[58], L. Vogel[42]).

Unter den komplementären Währungssystemen der Neuzeit haben besonders die Experimente auf der englischen Insel Guernsey (1815 – 1835) und in Wörgl, Österreich (1932/1933) sowie das Experiment des Wära-Systems im Bergbaugebiet von Schwanenkirchen im Bayrischen Wald international Aufsehen erregt, vor allem auch deshalb, weil in allen

Fällen durch die Einführung des «Freigeldes» [«Notgeldes» oder der «Arbeitswertscheine» (Wörgl)], dessen Wert sich in festgelegten Zeitabschnitten verringerte, in Kürze die Arbeitslosigkeit beseitigt werden konnte und die Umlaufgeschwindigkeit des Geldes, d.h. die Zirkulation des Geldes sich wie beim Blutkreislauf wieder normalisierte. In der Regel wurden diese Komplementärwährungen nach einiger Zeit durch die nationalen Großbanken verboten, obwohl sich das System überall als sehr erfolgreich erwiesen hatte (vgl. bes. G. Moewes[59]).

B.A. Lietaer[10] schreibt dazu: «In den 30iger Jahren wurden auf der ganzen Welt Komplementärwährungen geschaffen, auf dem Balkan, in Bulgarien, Dänemark, Ecuador, Frankreich (das Valor-Projekt), Italien, Kanada, Mexiko, den Niederlanden, Rumänien, Schweden, Spanien, ja sogar in China und Finnland. Nicht alle wurden verboten. Das WIR-System in der Schweiz existiert heute noch ...» In den USA haben damals mehrere Tausend Gemeinden in verschiedenen Bundesstaaten mit großem Erfolg Freigeld eingeführt. Nur in Iowa kam es zu einem Misserfolg, weil der Entwertungsfaktor fehlte und die Menschen wieder Geld zu horten begannen. Präsident Roosevelt hat dann aber 1934 mit seinem «New Deal» alle diese Versuche gestoppt, die Notwährungen verboten und zentrale Banksysteme eingeführt.

Wegen der heute immer noch möglichen Kapitalvermehrung durch Zins und Zinseszins oder Spekulationen auf dem Kapitalmarkt, z.B. beim Derivatehandel oder bei den Termingeschäften (Hedge-Fonds usw.), haben diese Versuche bisher keine Nachahmer gefunden. Man nimmt lieber die zwangsläufige Geldentwertung in Kauf oder versucht, durch kriegerische Aktionen Geld oder Geldwerte zu vernichten, um anschließend neues Geld in Umlauf bringen zu können. Tatsächlich hat die Kaufkraft des Geldes in den Jahren von 1971 – 1996 in den USA um 75%, in Europa um 40 – 60%, in Mexiko sogar um 99% abgenommen (zit. nach B.A. Lietaer[10]). Wenn die Menschen den natürlichen «Abnutzungsfaktor» des Geldes nicht von sich aus in das Wirtschaftssystem hineinbringen, tritt er als «krankhafte» oder katastrophale Inflation unkontrolliert von selbst in Erscheinung (vgl. a. G. Moewes[58]).

Betrachtet man die Gesellschaft als einen funktionsgerecht geordneten Organismus (H.H. Vogel et al.[30], L. Vogel[42], R. Steiner[21,22]), so ist der reiche und freiheitlich offene Ideenzufluss zum Wirtschaftssystem aus dem Geistesleben, in dem ja auch die notwendigen menschlichen Fähigkeiten für die Ideenproduktionen der Zukunft herangebildet werden müssen, so etwas wie ein «Entgelt» dafür, dass das Geld im «oberen» Funktionsbereich bei gesunden Verhältnissen seinen Warenwert verliert, d.h. dass das Geld verbraucht wird und – bildlich gesprochen – eigentlich verschwinden müsste (Abb. 8, S. 81). Wird aber das Wissen geheim gehalten, die freie Kommunikation eingeschränkt, die Ideenentwicklung einem nur egoistischen Zielen dienenden Produktionsbereich eingegliedert, so entsteht wirtschaftliche Macht. Die Geheimhaltung des Wissens, sei es an der Börse als «Insider-Wissen», sei es im militärischen Bereich, sei es bei der sog. Wirtschaftsspionage, erhöht immer die Machtposition der in diesem Bereich wirtschaftlich Tätigen, d.h. immer wird hier das Prinzip der Freiheit missbraucht.

Im «mittleren» Bereich der Geldzirkulation, d.h. der Rechtssphäre (Abb. 8), in dem eigentlich Gerechtigkeit und demokratischer Ausgleich herrschen sollte, entwickeln sich heute die Monopole. Statt dass sich die Preise in einem gerechten Gleichgewicht zwischen Käufer und Verkäufer nach sozialen und demokratischen Prinzipien bilden können (z.B. durch die Mitwirkung der Assoziationen), wird der Markt von Monopolinhabern, die die Preise diktieren, kontrolliert. Hat eine Wirtschaftsgruppe in einem bestimmten Bereich eine Monopolstellung erkämpft, kann sie praktisch jeden Preis verlangen, unabhängig von der aktuellen Marktsituation.

Im «unteren» Bereich, das heißt da, wo Waren erzeugt werden, sollten nicht Konkurrenz, sondern Kooperation und Zusammenwirken als Leitprinzipien zur Anwendung kommen. Das Konkurrieren der Firmen untereinander ist nichts anderes als ein Machtkampf, der irgendwann mit dem Sieg des einen über den anderen endet und dann in eine partielle oder totale Monopolbildung einmündet. Machtentwicklung im Produktionsbereich des Wirtschaftssystems wird vor allem durch den Privatbesitz an den Produktionsmitteln möglich. Der Privatbesitz an Firmen oder Unternehmungen ist ein Grundübel unserer heutigen Wirtschaft. Dadurch erhalten die Firmeninhaber oder Kapitaleigner nicht nur Macht über Maschinen, sondern auch über Menschen.

9.2. Verwendung der Geldwerte heute

An dieser Stelle sollte einmal kurz innegehalten werden, um zu über-
legen, wofür wir eigentlich unser Geld ausgeben. In den kapitalistischen
Ländern wird die industrielle Produktion äußerst hoch bewertet und
ein zunehmendes «Wachstum» propagiert. Die Wirtschaft läuft auf
Hochtouren und erzeugt einen riesigen Überschuss an Waren. Geld
spielt eine dominierende Rolle. Wofür geben wir es aber aus und wofür
müssen wir es sparen?

Interessanterweise liegen die Verhältnisse wiederum in den drei elementaren Funktionsbereichen des sozialen Organismus ganz verschieden
(Abb. 9, S. 88). Im «unteren» Bereich verschwindet ein großer Teil des
erarbeiteten Geldes in der Anschaffung neuer («besserer, schnellerer,
effektiverer») Maschinen. Die menschliche Arbeit wird durch Maschinen ersetzt (Automatisation, Roboter), um Lohnkosten zu sparen.
Überspitzt ausgedrückt könnte man daher sagen, die Maschinen «verdienen» das von uns erarbeitete Geld oder besser «fressen den gewonnenen
Überschuss auf». In nahezu allen Industriezweigen lässt sich ein fast
krankhafter Zwang zu Entwicklung und Installation immer größerer
und kostspieligerer Maschinen beobachten – wegen der notwendigen
Rationalisierung und Rentabilitätssteigerung, wie man sagt. Eine Dru-
ckerei z.B. hatte früher meist nur einfache Maschinen für Druck und
Satz, vielleicht sogar noch Handsatz. Doch damit ist man nicht mehr
«konkurrenzfähig» und schafft größere Maschinen an. Da diese sich
wiederum amortisieren müssen, fließt ein großer Teil des erwirtschafteten
Gewinnes zunächst einmal wieder da hinein. Die größere Maschine benötigt aber auch ein größeres Volumen an Aufträgen, um sich zu rentieren.
So muss die Produktion unentwegt gesteigert werden. Da mit jeder neuen
Maschine Arbeitskräfte freigesetzt werden, wird die Gesellschaft in immer größerem Umfang mit Arbeitslosen belastet (die ja letztlich wieder
von allen mit ernährt werden müssen). Eine Horrorvision am Ende dieses
Prozesses wäre eine voll automatisierte, von Robotern betriebene, hoch
technisierte Wirtschaft, bei der der Mensch arbeitslos und nur noch Zuschauer ist, d.h. dass er – da er selbst nichts mehr verdient – trotz der
Überproduktion an Waren geistig und materiell verarmt.

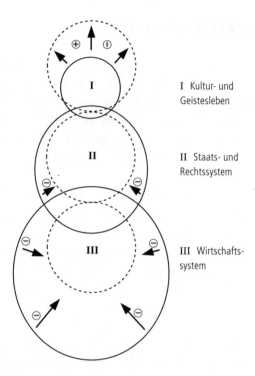

Abb. 9. Die drei Funktionsbereiche des sozialen Organismus (punktierte Linien) in ihren gegenseitigen Beziehungen. Gegenwärtige Disharmonien in der Ausdehnung der drei Funktionsbereiche sind durch ausgezogene Linien angedeutet. Die notwendigen Reduktionen (unterer Kreis) bzw. Erweiterungen der Investitionen (oberer Kreis) wurden durch − bzw. + Zeichen und Pfeile symbolisiert.

Eine ähnliche (vielfach sinnlose) Entwicklung spielt sich heute auch im «mittleren» Bereich des Geldkreislaufes, d.h. in der Rechtssphäre, ab. Hier wird das im Wirtschaftssystem erarbeitete Geld zum größten Teil in Dinge investiert, die selten oder nie gebraucht werden oder nur der Zerstörung dienen, gemeint sind die für militärische Zwecke erzeugten Maschinen und Waffen. Es wäre lohnend, einmal auszurechnen, wie viel Geld im vergangenen Jahrhundert tatsächlich in die Kriegsmaschinerie investiert worden ist und wie viele dieser Maschinen wirklich gebraucht worden sind. Schon nach wenigen Jahren sind doch oft selbst die höchst entwickelten Waffen nicht mehr verwendbar, werden verschrottet (was auch wieder viel Geld kostet) oder an Drittländer verkauft, denen das Geld dann meistens kreditiert wird. Niemals hat eine echte Notwendigkeit bestanden, eine nahezu alle Ressourcen verbrauchende Rüstungsindustrie aufzubauen. Es wird auch hier ein immanenter, fast unerklärlicher Zwang sichtbar, immer neue und immer fürchterlichere Waffen zu produzieren, die – was noch das Beste wäre – dann irgendwann verschrottet werden.

In der Rechtssphäre muss man auch die heute immer umfangreicher werdenden reinen Spekulationsgeschäfte auf dem **Kapitalmarkt** ansiedeln (Hedge-Fonds, Derivatehandel usw.), die innerhalb des Geldkreislaufes deshalb so gefährlich sind, weil die vertraglich fixierten Transaktionen nicht meldepflichtig sind und gegebenenfalls zu riesigen Kapitalverlusten führen. Man schätzt heute (genaue Zahlen gibt es nicht), dass zur Zeit ca. 8.700 Hedge-Fonds weltweit ein Vermögen von über einer Billion US-Dollars verwalten. Wahrscheinlich beträgt dieser Umsatz jedoch ein Vielfaches davon. Man bedenke dabei aber auch, dass hier in kurzer Zeit nicht nur unglaublich viel Geld gewonnen, sondern auch verloren werden kann, wie der Bankrott der altehrwürdigen Barings Bank in London (1995) oder das LTCM-Desaster (LTCM = Long Term Capital-Management; 1998) zeigen. Statt dem Geistesleben neue Impulse durch Geldzuflüsse zu geben, werden hier Geldwerte in Milliardenhöhe buchstäblich verspekuliert (Abb. 10).

Im Kulturbereich selbst (obere Schleife in Abb. 9) herrscht jedoch nicht minder eine Tendenz zur Vergeudung von Werten. Auch hier verschwenden wir unser Geld bzw. werfen es sozusagen zum Fenster hinaus, ohne wirklich etwas davon zu haben. Betrachtet man nämlich die Informationsflut der Zeitschriften, Medien, Reklameschriften usw., so sieht man leicht, dass hier täglich eine Unsumme von Papier bedruckt wird, das nie gelesen wird und in den Abfall wandert. Unsummen von Informationen werden ausgesendet, die nie jemand wahrnimmt oder die nur nichtssagender oder nichtsbewirkender Unterhaltung dienen. Die Produktion dieser Dinge kostet aber riesige Mengen an Geld, das dann an anderen Stellen fehlt (vgl. H. Buddemeier[2], L. L. Matthias[43], D. Meadows et al.[44], St. Leber Bd. 4[12], E. Altvater et al.[8], G. Moewes[58]).

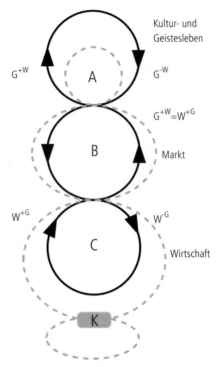

Abb. 10 Die drei unterschiedlichen Funktionsbereiche der Geldzirkulation.
Grau = Monetäre Volumenänderungen in der
heutigen Gesellschaft (K = Kapitalmärkte).

Insgesamt ist also das kapitalistische Wirtschaftssystem ungeheuer
produktiv, aber die Produkte, die erzeugt werden, verschlingen nahezu
das ganze dabei verdiente Geld und werden für äußerst Weniges wirklich gebraucht. Die Produktion läuft an den menschlichen Bedürfnissen
vorbei! Wir «verarmen» (geistig und materiell) an unserem «Wohlstand». Das Geld, das uns frei machen sollte, das für unsere geistigen
und körperlichen Bedürfnisse, für unsere Höherentwicklung und den
allgemeinen Fortschritt verwendet werden sollte, verschwindet in den
dunklen Kanälen sinnloser und überflüssiger Produktionszwänge. Die
zunehmende Verschuldung unserer Staaten ist nicht nur Ausdruck dieser

wirtschaftlichen Fehlentwicklungen, sondern auch Folge der geistigen Unterentwicklung, die sich daraus ergibt. Denn durch die oben charakterisierten Einseitigkeiten verschulden wir uns nicht nur an der Natur, sondern auch an den geistigen Quellen, die für unser Menschsein fruchtbar werden sollten. Für die Entwicklung der Menschen, selbst für die Entwicklung unserer Kinder, ist dann schließlich kein Geld mehr da.

Im menschlichen Organismus bleibt die zirkulierende Blutmenge, aber auch die Zahl der Blutzellen im Wesentlichen gleich. Es gibt zwar Blutspeicher (z.B. Milz), aus denen, etwa bei körperlichen Anstrengungen, zusätzliches Blut in den Kreislauf eingeschleust werden kann, aber «Kapitalmärkte», wo sich die Zellen ins Uferlose vermehren können, gibt es im gesunden Organismus nicht. Im sozialen Organismus müssten, wie im menschlichen Organismus, die zirkulierende Geldmenge und vor allem der Geldwert konstant gehalten werden, was sich durchaus realisieren ließe, wenn z.B. durch unabhängige Banken (eine immer wieder erhobene Forderung; s. z.B. E. Hamer[50] und R. Baader[62,63]) der naturgegebene Geldwertverfall («Alterung des Geldes») und die darauf zu beziehende Geldschöpfung im Gleichgewicht gehalten würden. Im menschlichen Organismus entstehen, wenn der Abbau der Blutzellen größer ist als die Neubildung oder umgekehrt, die Produktion von Blutzellen größer ist als der Abbau, Krankheitsprozesse (wie z.B. Anämien, Blutgeschwülste), die gegebenenfalls sogar zum Tode führen.

10. Fehlentwicklungen

«Das entscheidende Kriterium [für die zukünftige Entwicklung der Menschheit] liegt in der Frage, ob wir bereit sind, das Geldparadigma zu überprüfen. Nur wenn uns bewusst wird, dass wir an den Seiten, an denen es keine Gitter gibt, aus dem Geldgefängnis ausbrechen können, lässt sich der nachhaltige Wohlstand verwirklichen.» (B. Lietaer[10]; zit. nach D. Suhr[38]).

Wenn die hier charakterisierten Prinzipien nicht funktionsgerecht, sondern in falschen Zusammenhängen angewendet werden, ergeben sich Fehlentwicklungen. Diese können in der Tat heute in vielen Bereichen beobachtet werden. Viele der Probleme, die die Gesellschaft zur Zeit erschüttern, könnten gelöst werden, wenn die richtigen Prinzipien an den richtigen Stellen angewendet würden.

Ein gravierender Konstruktionsfehler im heutigen **Wirtschaftssystem** ist z.B. die Gleichsetzung von Arbeit und Geld. Die Arbeitsleistung eines Menschen kann niemals vollgültig mit Geld entlohnt werden. Wenn der Mensch Arbeit leistet, unabhängig davon, ob es sich um eine Putzfrau, einen Fabrikarbeiter oder einen Direktor handelt, wird er immer primär als ganzer Mensch tätig sein, d.h. es wird immer von seinem seelisch-geistigen Wesen auch etwas mit in die Arbeit einfließen. **Jedes Arbeitsergebnis ist eine gesamtmenschliche Leistung *aller* Beteiligten.** Die Arbeit nach Stunden zu entlohnen, ist ein Notbehelf. Die Leistung kann von Stunde zu Stunde unterschiedlich sein. Die Trennung der seelischen Komponente vom materiellen Arbeitsergebnis (Stücklohn) oder die rein quantitative Bewertung der Arbeitsleistung nach einer linearen Zeitskala (Stundenlohn) hat dazu geführt, dass der Arbeiter den realen Arbeitszusammenhang aus den Augen verloren hat. Er verkauft gewissermaßen seine Arbeitskraft für Geld. **Damit wird Arbeit zur Ware.** Die Arbeit liegt in der Rechtssphäre und Rechte dürfen nicht wie Waren ge- und verkauft werden. Der Arbeitende oder der eine Leistung Erbringende fühlt sich unbefriedigt, da er ja nur für die materielle Leistung (quantitativ) entlohnt wird und am Gesamtgeschehen keinen Anteil mehr hat.

Hinzu kommt die psychologische Komponente. Der Arbeit Leistende will seinen Lohn und denkt dabei nur an sich; dass er im Grunde für die anderen Menschen der Gesellschaft arbeitet und diese wiederum für ihn, wird gar nicht mehr ins Bewusstsein gebracht. Rudolf Steiner hat bereits 1905 diese Zusammenhänge wie folgt charakterisiert (sog. soziales Hauptgesetz):

«Das Heil einer Gesamtheit von zusammenarbeitenden Menschen ist umso größer, je weniger der Einzelne die Erträgnisse seiner Leistungen für sich beansprucht, d.h. je mehr er von diesen Erträgnissen an seine Mitarbeiter abgibt und je mehr seine eigenen Bedürfnisse nicht aus seinen Leistungen, sondern aus den Leistungen der anderen befriedigt werden» ... «worauf es ankommt, das ist, dass für die Mitmenschen arbeiten und ein gewisses Einkommen erzielen, zwei voneinander ganz getrennte Dinge sind.»

Eine der Fehlentwicklungen im Wirtschaftssystem ist gerade die immer enger werdende Koppelung von Arbeit und Entlohnung. Die Arbeit wird monetär quantifiziert.

Diese Quantifizierung, d.h. «Entmenschlichung» der Arbeit ist im Beginn des vorigen Jahrhunderts vor allem durch die Industrialisierung der Wirtschaft, beispielsweise durch die Einführung der Fließbandarbeit in der Automobilindustrie entstanden. Am Fließband wird der Mensch selbst zur Maschine. Am Gesamtgeschehen hat er kaum noch einen Anteil. Er erlebt in den seltensten Fällen noch das Ergebnis seiner Arbeit mit. Ihm wird es daher häufig ganz gleichgültig sein, was sein Unternehmen produziert, ob Kampfflugzeuge, Atombomben, Giftgase oder landwirtschaftliche Geräte, Schulbücher oder Heiligenbilder: die Hauptsache, er erhält seinen Lohn! Da Geld aber niemals die Seele befriedigen kann, entsteht immer ein Gefühl der Leere, das nach Arbeitsende entweder durch private «Hobbys» zu überwinden gesucht wird oder das schließlich in Hass gegen den «Arbeitgeber» – die vermeintliche Ursache der seelischen Leere im Arbeitsbereich – umschlägt. Darin liegt die seelische Wurzel für die ständig steigenden Lohnforderungen, für die nie enden wollenden Arbeitskämpfe und die politischen Unruhen in den modernen Industriestaaten.

Geht man aber von den inneren, d.h. funktionalen Gesetzen der Wirtschaft aus, so gibt es eigentlich einen Gegensatz zwischen Arbeitgebern und Arbeitnehmern nicht. Beide arbeiten an einem gemeinsamen Ziel, nämlich der Bedürfnisbefriedigung der Mitmenschen. Alle Angehörigen eines Betriebs bilden also eine funktionelle Einheit, die – von der Sache her – lediglich für andere Menschen Waren produziert und aus dieser Aufgabe ihre einzige Motivation und Existenzberechtigung erfährt. Waren zu produzieren, die nicht benötigt werden, hat im Grunde keinen Sinn. Kaffee zu produzieren, den man ins Meer schütten muss, Getreide zu erzeugen, das man verbrennen muss, Bücher herzustellen, die man einstampfen muss, ist Vergeudung von Naturschätzen und menschlicher Arbeit. Dass dies heute in großem Stile tatsächlich vorkommt, zeigt eindrucksvoll die Fehlentwicklungen im Wirtschaftsleben.

An der geschilderten Trennung von Mensch und Arbeit ist aber nicht nur der «Arbeitnehmer» schuld, der seine (vollmenschliche!) Arbeitskraft für «totes Geld» verkauft (sich selbst also – ohne Gegenwert – mit verkauft), sondern auch der «Arbeitgeber», der den Betrieb als sein Privateigentum betrachtet. Aus dem «privaten» Ankauf von Maschinen als Produktionsmittel kann aber der private Besitz eines Produktionsbetriebes nicht abgeleitet werden, denn an der Entwicklung und dem Florieren eines Wirtschaftsbetriebes sind ja immer **alle** darin tätigen Menschen beteiligt. Der Unternehmer kann zwar anfangs ein Besitzrecht für die von ihm angeschafften Maschinen in Anspruch nehmen. Wenn aber der Betrieb zu laufen beginnt, Kredite aufgenommen werden, alte Maschinen gegen neue ausgetauscht werden, ist prinzipiell die gesamte Belegschaft an der Aufwärts- (oder Abwärts-)entwicklung des Betriebes beteiligt. Es ist ein Unding, den Betrieb als Ganzes für Geld verkaufen oder gar an einen Verwandten (der möglicherweise den Betrieb nie betreten hat) vererben zu können. Dies ist eine Form moderner Sklaverei; denn hier werden von den Kapitaleignern oder Unternehmern nicht nur Produktionsmittel, sondern auch Menschen («Arbeitsplätze») mit verkauft, d.h. Leistungen «verschachert», die von den im Betrieb Arbeitenden mit erbracht worden sind, wobei wir die

94

seelischen Bindungen der betroffenen Menschen an ihren Arbeitsraum noch gar nicht berücksichtigt haben. Welche Berechtigung besteht eigentlich für den Unternehmer (Firmeninhaber, Manager, Vorstand usw.) darin, den Produktionsbetrieb, in dem ja immer **viele** Menschen zusammenarbeiten oder gearbeitet haben, als sein **persönliches Eigentum** zu betrachten? Etwa die Tatsache, dass er anfangs Geld oder Ideen(!) in den Betrieb investiert hat? Sicher, hier besteht ein gewisser Anspruch – aber man kann doch nicht übersehen, dass sich das Unternehmen zu einem gewinnbringenden Wirtschaftsbetrieb erst durch die Mitarbeit vieler **anderer** Menschen weiterentwickelt hat. Diese Menschen haben letztlich sogar ihr seelisch-geistiges Engagement mit in die Arbeit einfließen lassen. Die Abfindung mit Geld gleicht diese Mitarbeit keineswegs aus, da das Geld ja nur den «toten Ersatz» für den Kauf von Waren darstellt, die andere Menschen produziert haben, mit dem Wesen des Betriebes aber, in dem der Mensch als seelisch-geistiges Wesen integriert ist, wenig zu tun hat.

Es besteht auch keinerlei Berechtigung dafür, dass der Unternehmer oder Kapitaleigner den aus der Arbeit **aller** resultierenden Gewinn als sein Eigentum betrachtet, auch wenn er – meist nur widerwillig – davon für andere Bereiche (Staat, Soziales, Umwelt usw.) etwas abgibt (Steuern, Spenden usw.). Dadurch, dass die Unternehmer nach heutigem Recht den Betrieb als ihr Eigentum betrachten können, hat sich ihr Interesse vom eigentlichen Zweck des Unternehmens, nämlich der Befriedigung menschlicher Bedürfnisse in arbeitsteiliger Kooperation mit anderen Menschen oder Betrieben, zunehmend entfernt und fast abstrakt auf die Gewinn-Maximierung konzentriert. So wie der Arbeiter nur Geld verdienen will, ohne Rücksicht darauf, womit und wofür, so will der Unternehmer nur seine Gewinne steigern. Er sieht den Sinn eines Unternehmens einzig in der Erzielung möglichst hoher Gewinne. Die Gewinne als solche können aber niemals eine befriedigende Sinngebung für ein Unternehmen sein, schon gar nicht für den «Arbeitnehmer». Ein Betrieb kann nämlich im Rahmen des gesamten Wirtschaftssystems durchaus auch dann sinnvoll sein, wenn er keine Gewinne erzielt. Umgekehrt kann ein hohe Erträge erwirtschaftendes Unternehmen für das Gesamtsystem schädlich sein, wenn für die erzeugten Waren keine echten Bedürfnisse vorliegen oder wenn es langfristig zerstörerischen Impulsen dient (z.B. Kriegsgeräte o.a.).

Spätestens hier wird sich der Leser an Marx, Engels u.a. erinnert fühlen, die die Verstaatlichung der Produktionsmittel, d.h. Enteignung der Unternehmer bzw. Kapitaleigner, gefordert haben. Aber das Scheitern des Kommunismus und der (auch heute leider noch sehr stark praktizierten) Subventionspolitik haben sicher jedem zur Genüge gezeigt, dass man die Probleme nicht dadurch lösen kann, dass man an die Stelle des immerhin schöpferischen, innovativen und aktiven Unternehmers den in seine Bürokratie eingebundenen Staatsbeamten oder politischen Funktionär setzt. Man kann die Probleme nicht von der politischen Seite aus lösen, sondern nur dadurch, dass man die dem Wirtschaftsleben immanenten **richtigen Funktionsprinzipien** zur Geltung kommen lässt, d.h. das Wirtschaftssystem aus seiner Eigengesetzlichkeit heraus arbeiten lässt. Dies lässt sich nur verwirklichen, wenn man das Wirtschaftsleben gegenüber Staat und Geistesleben verselbstständigt und das Prinzip gegenseitiger Kooperation (Fraternitätsprinzip) uneingeschränkt zur Anwendung kommen lässt. Jedes andere – etwa von Politikern oder Vertretern bestimmter Ideologien angewandte – Prinzip stört das Wirtschaftsleben und führt gegebenenfalls zu Katastrophen. Das soll nicht bedeuten, dass für die Ordnung innerhalb des Wirtschaftslebens nicht eine sinnvolle Gesetzgebung notwendig wäre. Der ungerechtfertigte Besitz an den Produktionsmitteln kann nämlich auch durch gesetzliche Regelungen abgeschafft werden, ohne dass es dadurch zu einer Verstaatlichung kommen muss, etwa in der Form, dass Arbeitnehmer und Arbeitgeber als gleichberechtigte Partner an den Gewinnen beteiligt werden. Das geht aber nur, wenn das Wirtschaftssystem sich zuvor verselbstständigt und seine eigenen Ordnungsstrukturen entwickelt hat, d.h. sich selbst verwalten kann.

Die einseitige Verteilung der Gewinne hat in der modernen Wirtschaft zu unvorstellbar großen Vermögensunterschieden geführt. So ist z.B. das Vermögen von 447 Milliardären heute bereits größer als das gesamte Jahreseinkommen von mehr als der Hälfte der Weltbevölkerung. Das Vermögen der drei reichsten Milliardäre ist größer als das Bruttosozialprodukt der 48 ärmsten Länder der Welt (zit. nach B.A. Lietaer[10]). Eine ausgezeichnete Zusammenstellung dieser phantastischen, kaum vorstellbaren Entwicklungen und ihrer Ursachen hat kürzlich G. Moewes[58] gegeben.

Nach Kenntnisnahme dieser erschütternden Daten wird einem bewusst, zu welchen Exzessivbildungen es kommen kann, wenn das Gewinnstreben (Profitmaximierung) in der Wirtschaft und das falsche Geldparadigma die einzig bestimmenden Faktoren bleiben. Fehlentwicklungen dieser Art würden unterbleiben, wenn die Erwirtschaftung von Gewinnen nicht mehr oberstes Ziel der Unternehmen wäre. Zu diesen Fehlentwicklungen gehören: 1. die Korrumpierung der Beziehungen zum Geistes- und Kulturbereich; 2. die unsachgemäße Beeinflussung der rechtlichen Organisationen (lobbyistische Beeinflussung der Staatsorgane und Gesetzgebung) 3. die Kapitalisierung des Geldes, 4. die Zerstörung der Umwelt und 5. die Verarmung der Nichtkapitaleigner (vgl. N. Perlas[11], «die sechs Flüche des Wachstums»).

Da der Unternehmer, wenn er wirtschaftlich erfolgreich sein will, nicht nur Geld und unternehmerische Intentionen, sondern auch neue Ideen (oder neue Maschinen, die ja auch neue Ideen enthalten) benötigt, schuldet er dem Geistesleben etwas. Es ist daher nur «recht und billig», wenn aus der Wirtschaft Geld in den Kulturbereich zurückfließt. Die Entwicklung von Ideen und Fähigkeiten innerhalb des Kultursektors (Bildung, Ausbildung, Erziehung usw.) ist ja letztlich sogar der Quell für die Weiterentwicklung der Wirtschaft selbst. Die Entdeckungen z.B. von Wilhelm Röntgen und vielen anderen Forschern haben der Wirtschaft unendliche Gewinne gebracht, die aber nicht in gebührender Weise in den Kulturbereich zurückgeflossen sind. Die Nutzung der meisten dieser Erfindungen ist hauptsächlich der Wirtschaft zugute gekommen, die zwar Steuern bezahlt hat, aber doch nicht in sachgerechter Weise dem Geistesleben das zurückgegeben hat, was sie ihm eigentlich schuldet. Ein auf Kooperation aufgebautes Wirtschaftsleben müsste selbst größtes Interesse haben, Wissen, Bildung und Ausbildung zu fördern, da es von den Fähigkeiten und Initiativen der heranwachsenden Generation in viel stärkerem Maße abhängig ist, als man es in der Regel wahrhaben möchte. Stattdessen werden die Beziehungen zum Geistesleben in vielfacher Weise korrumpiert, einmal durch gezielte Beeinflussung der Forschung, z.B. durch betriebseigene (meist geheim gehaltene) Entwicklungsarbeiten, und schließlich durch eine gezielte, den Markt meist unsachgemäß beeinflussende Werbung (Reklame). Je härter der falsch verstandene Konkurrenzkampf wird, umso mehr Mittel werden für Werbung eingesetzt, die – wie sich jeder leicht überzeugen kann – in den letzten Jahren eine unvorstellbare Dimension erreicht hat. Wie viel Kräfte, wie viel Geldmittel und wie viel gute menschliche Arbeit werden hier vergeudet, wie viel Halbwahrheiten, um nicht zu sagen Unwahrheiten werden hier verbreitet, um den jeweiligen Marktanteil und damit den Gewinn zu steigern. Welche Mengen an Abfall und nutzlosen, ja störenden Informationen werden hier erzeugt! Wie viel Positives und Gutes könnte mit dem hier verschwendeten Geld und der sinnlos aufgewendeten Arbeitskraft geschaffen werden! Es ist richtig, dass der Bürger über die Marktsituation und die im Umlauf befindlichen Produkte eine wahrheitsgemäße, objektive und umfassende Information benötigt, um seine Kaufentscheidungen treffen zu können; aber dient das heutige Reklamewesen wirklich diesem Zweck? Wie leicht zu erkennen ist, bezweckt die Werbung in ihrer heutigen Form in erster Linie die Steigerung des Umsatzes. Das Produkt wird vielfach mit «Gewalt», mit erlaubten (oder auch unerlaubten), mit lächerlichen oder kriminellen Mitteln in den Markt hinein«gepresst», um eine möglichst große Menge davon abzusetzen. Dabei könnte es innerhalb einer kooperativen («brüderlich» organisierten) Wirtschaft (zum Schutze der Umwelt oder auch aus anderen Gründen) unter Umständen sogar sinnvoll sein, ein bestimmtes Produkt nur in begrenztem Umfang herzustellen und zu verkaufen. Das müsste sich jeweils aus der Gesamtlage der «Bedürfnisse» (eine Aufgabe der oben charakterisierten Assoziationen) im Zusammenhang mit der jeweiligen Situation der Umwelt (Ressourcen der Natur) und der Gesellschaft als Ganzem ergeben. Das wären dann objektive Kriterien, jedenfalls andere als die, die heute aus dem egoistischen Gewinnstreben der Wirtschaftsführer heraus praktiziert werden.

Aus dem Streben nach Gewinn-Maximierung erklären sich auch die heute vielfach korrumpierten Beziehungen der Wirtschaft zum Staat.

10.1. Staat und Wirtschaft

Es ist heute für jeden einsichtig, dass der Kommunismus keine Lösung der modernen Wirtschaftsproblematik gebracht hat; dass er uns aber eine versteckte böse Erbschaft hinterlassen hat, nämlich den Glauben, dass alles Heil der Menschheit aus dem Wirtschaftsleben käme – das wird nicht gesehen. Jeder Politiker glaubt, dass alle Probleme gelöst sind, wenn das Wirtschaftsleben funktioniert und der Wohlstand steigt. Je größer der Wohlstand (individuelle Gewinnmaximierung), desto geringer sind die (politischen und sonstigen) Probleme, denkt man. Dabei lässt sich leicht das Gegenteil beweisen. Viele unserer Probleme sind erst durch den Wohlstand gekommen. Die osteuropäischen Länder, die bisher unsere Form des «Wohlstandes» nicht kannten, bekommen jetzt Probleme, die ihnen vorher unbekannt und auch unverständlich waren. Menschen der älteren Generation, die noch die Nachkriegsjahre miterlebt haben, wissen, wie zufrieden, glücklich und strebsam die Menschen in den ersten Jahren nach dem 2. Weltkrieg gewesen sind, als der Wohlstand noch minimal war. Der Aufbauwille, die Freude an den neuen Gestaltungs- und Schaffensmöglichkeiten, die neu gewonnene (auch politische) Freiheit hat die Menschen damals ungeheuer beflügelt und sie ihre «Armut» an Wirtschaftsgütern vergessen lassen. Selbst die Arbeitslosigkeit hatte damals nichts Bedrückendes. Stattdessen wirkt die Arbeitslosigkeit heute lähmend, ja zerstörerisch. Warum fragen wir nicht, wie es kommt, dass wir der Arbeitslosigkeit nicht Herr werden? Jeder Politiker (ob rechts- oder linksorientiert) stellt bei jeder Gelegenheit seinen Willen zur Beseitigung der Arbeitslosigkeit heraus und dennoch ist es keinem bisher wirklich gelungen, das Problem zu lösen. Liegen da nicht strukturelle Gründe vor, die zuerst einmal durchschaut werden müssten?

Etwas provokativ formuliert, möge man sich einmal das Folgende ins Bewusstsein rufen. Wenn z.B. in einem Wirtschaftsgebiet ein bestimmter Prozentsatz an Arbeitslosigkeit herrscht, würde diese – «von heute auf morgen» – zu beseitigen sein, wenn sich die Arbeitenden entschließen würden, auf einen darauf abgestimmten Prozentsatz ihrer Arbeitsleistungen, einschließlich des anteilig dazugehörigen Lohnes zu verzichten, um entsprechend viele Arbeitslose einstellen zu können.

Damit würden wieder alle – wenn auch auf einem etwas niedrigeren Einkommensniveau – wieder in den Arbeitsprozess eingegliedert sein. Tatsächlich ist ein solcher Weg in der Wirtschaft gelegentlich schon beschritten worden (z.B. bei den VW-Werken). Vom kooperativen Prinzip aus gesehen, wäre dieser Weg durchaus konsequent; denn der Arbeitslose ist ja aus dem Wirtschaftsleben eliminiert, d.h. sozial ausgegliedert worden (auch wenn er Arbeitslosenunterstützung erhält). Er darf und kann am Gesamtgeschehen nicht mehr teilnehmen. Er hat, obwohl arbeitsfähig und arbeitswillig, im Wirtschaftsganzen keine Aufgabe mehr – die Gesellschaft hat ihn «ausgestoßen» (sequestriert). Das ist in vieler Hinsicht ein unsoziales Verhalten und stellt für die Gesellschaft als Ganzes eine Katastrophe dar, denn es haben nicht nur die Arbeitslosen selbst, sondern auch deren Familien, Kinder usw. keinen Anteil mehr an der Gesellschaft. Nach B.A. Lietaer[10] kontrollieren die 200 größten Konzerne der Welt mittlerweile 28% der Weltwirtschaft, beschäftigen aber nur 0,3% der Weltbevölkerung, d.h. die Weltwirtschaft tendiert dahin, die Menschen vom Produktionsprozess auszuschließen und Arbeitslose zu erzeugen. Wäre aber beispielsweise der Arbeitslose in das Gesamtsystem der Wirtschaft integriert, würde sich zwangsläufig auch der Wohlstand **allgemein** heben und die seelische Zufriedenheit, die aus dem Bewusstsein der Zusammengehörigkeit entsteht, verbessern.

Man darf in diesem Zusammenhang die Bedeutung der **Technisierung** nicht außer Betracht lassen. Durch Maschinen und Automatisierungseinrichtungen werden Arbeitskräfte eingespart; aber nicht nur das, Maschinen arbeiten auch schneller und leisten mehr. Dadurch wird die Zahl der «Arbeitenden», absolut gesehen, riesig vermehrt. Der Umfang der Produktion und die Zahl der (toten oder lebendigen) «Arbeitskräfte» im gesamten Wirtschaftsgebiet sind durch den Einsatz von Maschinen in den letzten Jahrzehnten ungeheuerlich gewachsen. Daraus resultiert einerseits Überproduktion, andererseits Arbeitslosigkeit. Es ist daher nicht verwunderlich, dass die Wirtschaft die Politik zu beeinflussen sucht, um einerseits neue Märkte zu erschließen, andererseits aber auch unerwünschte Konkurrenten auszuschalten. Vielfach herrscht sogar die Meinung vor, dass letztlich alle kriegerischen Auseinandersetzungen aus Wirtschaftsinteressen hervorgegangen sind.

Aber auch intern drängen die Wirtschaftsegoismen heute stark in die politische Lobby hinein vor, um die Gesetzgebung zu ihren Gunsten zu beeinflussen (vgl. a. J.E. Stiglitz[9b]).

Tatsächlich wirken die mächtigen, international agierenden Großkonzerne in vielen Ländern der Welt bis in die Gesetzgebung der jeweiligen Nationalstaaten hinein, um ihre Investitionen mit Gewinn tätigen zu können. Man nennt das **Deregulierung**, ein Vorgehen, das auch durch die Forderung nach einer Liberalisierung der lokalen Wirtschaft durch die internationalen Kreditgeber (z.B. IMF, Weltbank) unterstützt wird (J.E. Stiglitz[9b]). E. Altvater und B. Mahnkopf[8] haben in ihrem Buch *Globalisierung der Unsicherheit* diese Entwicklungen, die in der Regel auch den überall auftretenden kriegerischen Auseinandersetzungen zugrunde liegen, erschütternd eindrucksvoll geschildert. Das Recht, das auch im internationalen (globalisierten) Geschäftsverkehr die ökonomischen Vorgänge regeln und ordnen sollte, entwickelt sich, schreiben diese Autoren, «heute zunächst in den internationalen Rechtsanwaltskanzleien, wo Hunderte von Rechtsanwälten komplizierte Verträge abschließen und über deren Einhaltung wachen. Sie werden quasi gesetzgeberisch und quasi richterlich tätig und entwickeln dabei eine Macht, die in der Gewaltentrias (gemeint ist die Gewaltenteilung nach Montesquieu) nicht vorgesehen ist». Die in den jeweiligen Verträgen festgeschriebenen Sozial- und Arbeitsbedingungen für die Mitarbeiter setzen sich in der Regel über die gesetzlichen Normen hinweg oder werden häufig erst «durch massiven Druck von außen» (z.B. durch die sog. Zivilgesellschaften, Kirchen oder Gewerkschaften) zu menschenwürdigen und üblichen Normen entsprechenden Bedingungen umgestaltet. Vielfach legen sich die Großfirmen auch Selbstverpflichtungen (codes of conduct) auf, die durch private Organisationen (ISO = International Standard Organization) ausgearbeitet und überwacht werden.

Hier entwickelt sich ein Rechtssystem außerhalb des Staates, das natürlich – da es von privaten Organisationen entwickelt und überwacht wird – gegenüber legitimierten Instanzen in keiner Weise rechenschaftspflichtig ist und selbstverständlich auch nicht öffentlichen Aufgaben, sondern nur den Profitinteressen der Unternehmungen dient.

Um diesen Entwicklungen Einhalt zu gebieten, haben J. Cohen und

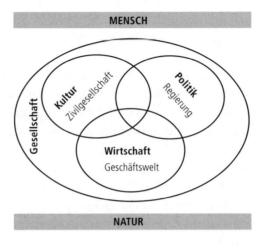

Abb. 11. Funktionelle Dreigliederung der Gesellschaft nach Perlas[12], Die Globalisierung gestalten
(Info 3 Verlag, Stuttgart, 4. Aufl. 2002).

A. Avato[45] sowie auch N. Perlas[11] die «Bändigung der elitären Globalisierung» durch die internationalen Zivilgesellschaften gefordert, die als
dritte Kraft zwischen Wirtschaft und Staat auftreten sollten und durch
die damit entwickelte funktionelle Dreigliederung der Gesellschaft auch
die Rechtsverhältnisse, nicht nur auf nationalstaatlicher, sondern auch
auf internationaler Ebene wieder neu ordnen und harmonisieren könnten
(Abb. 11). Aber die Zivilgesellschaften haben sich heute leider noch nicht
genügend organisiert, um als «dritte Kraft» wirklich Gesundungsprozesse für die moderne Gesellschaft einleiten zu können.

Die **Expansion der Wirtschaftsprozesse**, die seit Anfang des vorigen Jahrhunderts zu einem Charakteristikum der modernen Industrie-
gesellschaft geworden ist, hat zwei entscheidende Ursachen: erstens die
Ohnmacht des Staates, Monopolbildungen wirklich zu verhindern, und
zweitens die Korrumpierung des Geldwesens. Dadurch, dass dem Geld
im heutigen Wirtschaftssystem ein konstanter Wert zugeschrieben wird,
der unabhängig von seinem Warenwert als solcher «gehandelt» und
in Form von Aktienkapital in ein Wirtschaftsunternehmen investiert

und immer wieder reinvestiert werden kann, um – als Geld – Gewinne zu erbringen (Zinsen, Dividende, Derivate), beginnt sich das Geld im Wirtschaftsprozess zu verselbstständigen und ein Eigenleben zu führen (vgl. G. Moewes[58]). Ein Aktienbesitzer kann (theoretisch) zeitlebens von solchen Gewinnen leben, auch wenn er selbst nie in den einzelnen Unternehmen mitgearbeitet hat. Ja, er kann seine Aktien vererben und damit anderen Menschen solche «unverdienten» Gewinne zukommen lassen. Auch wenn vielleicht die Maschine, die mit dem geliehenen Kapital einmal angeschafft wurde, längst verschlissen ist, bekommt der Aktionär noch immer seine Dividenden. Und wenn sich die Waren, für die das Geld einen Ersatz darstellt, oder die Investitionsgüter, die mit dem Geld beschafft wurden, längst verbraucht sind, «lebt» das Geld immer noch. Es verbraucht sich nicht, im Gegenteil, es bringt Zinsen bzw. Dividende – d.h. es vermehrt sich. Im heutigen Wirtschaftssystem besitzt das Geld eine Vermehrungstendenz – man könnte auch vom «**wuchernden Geld**» sprechen.

Hinzu kommt die Verselbstständigung der Kapitalmärkte mit ihren Spekulationsgeschäften (Hedge-Fonds, Derivate usw.), bei denen über Nacht Millionen gewonnen, aber auch verloren werden können. Die Idee von Edward Lloyd († 1713), den Kaufpreis bestimmter schwer kalkulierbarer Warenlieferungen (Kaffee, Getreide usw.) lange vor der Lieferung vertraglich festzulegen, hat sich in der Praxis bewährt. Man hat jedoch dann in den Kapitalmärkten bald bemerkt, dass solche Termingeschäfte auch die Möglichkeit für hoch spekulative Transaktionen in sich tragen. Die Terminkontrakte wurden von den Warenlieferungen abgelöst und selbst zum Gegenstand des Handels gemacht. So entstanden die Warenterminbörsen, wo heute Millionen oder sogar Milliarden Summen pro Tag umgesetzt werden, also Finanzspekulationen ablaufen, die mit der realen Wirtschaft kaum noch einen Zusammenhang haben. Auch dies ist eine Art wucherndes Geld, ohne funktionellen Zusammenhang mit der wirtschaftlichen Produktion, also eigentlich auch ein aus dem Ganzen herausgelöster, karzinomatöser Prozess, wie wir ihn oben schon in anderem Zusammenhang charakterisiert haben, ein Prozess, der letztlich Geld aus der Zirkulation herauszieht, das damit im Kultur- und Geistesleben, wo es Früchte tragen sollte, fehlt (Abb. 10, S. 90).

Das sich durch Spekulationen und Börsengewinne ständig vermehrende Geld wird von den Wirtschaftsführern meist sofort wieder reinvestiert, wodurch sich die Produktionsgesellschaften kontinuierlich vergrößern und schließlich eine ungeheure Zusammenballung wirtschaftlicher Macht zustande kommt. Die Vermehrung des Geldes innerhalb der Kapitalgesellschaften wird zum Selbstzweck. In der Hand weniger Menschen konzentrieren sich schließlich riesige Geldmengen, während die übrige Menschheit zunehmend verarmt. Die Früchte der aus wirtschaftlichen Betätigungen entstehenden Produktivität sollten aber **allen** Menschen zugute kommen und damit dem allgemeinen Wohlstand dienen, und nicht in der Hand einiger weniger Kapitalanleger konzentriert werden. Dass der Zwang zur Konzentration der Kapitalmittel aus der ungerechtfertigten Verselbstständigung des Geldes als eines unzerstörbaren Wertes (der «ewige Pfennig» des Mittelalters (vgl. L. Vogel[42])) resultiert, hat Dieter Suhr[38] wie folgt treffend charakterisiert:

«Wenn man für die zeitweilige Überlassung von Geld weiteres Geld bekommt, dann bietet Geld als solches offenbar einen ökonomischen Nutzen, der selbst wiederum Geld wert ist. ... Die besondere Eigenschaft des Geldes, mit der dieser ökonomische Nutzen verbunden ist, ist seine ‹Liquidität› [, wie sie im menschlichen Organismus auch das zirkulierende Blut besitzt]. Wofür der Zins gezahlt wird, das ist der ökonomische Nutzen der monetären Liquidität, oder kurz ‹der Liquiditätsnutzen›. ... Weil daher mit dem Geld ein ökonomischer Nettonutzenzustrom verbunden ist, kann man Geldvermögen vermehren, indem man diesen Strom von Liquiditätsnutzen vermarktet und Zinsen dafür einstreicht. ... Wenn man also danach fragt, woran es liegt, dass es heute so ‹etwas Unnatürliches in der sozialen Ordnung›, wie die Vermehrung von Geldvermögen gibt, dann lautet die Antwort: Das liegt daran, dass die monetäre Liquidität einen kostenlosen ökonomischen Nutzen verströmt. Die Folge dieser Tatsache ist, dass man diesen Nutzen von Geld mit dem Ergebnis vermarkten kann, dass sich das Geldvermögen vermehrt, ohne dass eigene Leistung hinzugefügt wird. So haben wir ein Geld mit einem Mehrwert: das kapitalistische Geld» – oder im Sinne der oben verwendeten Begriffe «korrumpiertes oder wucherndes Geld». Selbstverständlich kann sich in einem kontrollierten Währungssystem Geld als solches nicht vermehren, vorausgesetzt, dass von einer Zentralstelle (Zentralbank o.ä.) die durch Zinszahlungen entstandene «Vermehrung» immer wieder abgeschöpft wird, d.h. die umlaufende Geldmenge konstant gehalten wird. Wie uns die Geschichte des vergangenen Jahrhunderts aber lehren kann, ist eine solche Währungsstabilität bisher nie erreicht worden. Wir haben zwei große, allen Besitz dahinraffende Inflationen erlebt (1923 und 1948); und auch in den letzten Jahrzehnten kann man eine (jetzt sogar wieder zunehmende) inflationistische Tendenz beobachten.

Roland Baader[62] fordert daher: «Man muss das Geld (das rechtmäßig immer nur den Bürgern gehören kann) vom Staat trennen. Solange sich Staat und Regierung unbegrenzt Mittel beschaffen können [z.B. durch Kreditaufnahme oder Steuern], solange werden die Menschen auch glauben, der Staat könne über unbegrenzte Mittel verfügen – und so lange werden sie folglich fortfahren, Forderungen an ihn zu stellen …»

Auch F. A. v. Hayek[65] forderte die Entstaatlichung des Geldes und meinte, man müsse das Staatsmonopol über das Geld abschaffen, das Geld «entstaatlichen» und konkurrierendes Privatgeld einführen. Aber Geld ist keine Ware. Wenn das Prinzip der Freiheit im Bereich des Geldwesens zur Anwendung käme, müsste dies zwangsläufig zu pathologischen Prozessen führen (vgl. a. H.F. Sennholz[66], M.N. Rothhard[67] und E. Hamer et al.[50]). Nach den Ideen R. Steiners[22], die von A. Caspar[70] für den dreigliedrigen, assoziativen sozialen Organismus bis ins Einzelne präzisiert worden sind, sollte die Geldmenge konstant bleiben und auf die volkswirtschaftliche Wertschöpfung des jeweiligen Wirtschaftsgebietes bezogen werden. Die volkswirtschaftliche «Urwertgröße» hängt von der geleisteten Arbeit, der Bevölkerungszahl und dem jeweils zur Verfügung stehenden Territorium (Grund und Boden) ab. Wenn die Geldmenge auf den dafür relevanten Wertemaßstab bezogen wird und der Geldkreislauf damit nur noch den jeweiligen volkswirtschaftlichen Wertekreislauf abbildet, verliert das Geld seinen Eigenwert und bekommt den Charakter einer Buchhaltung für die Leistungen und Einkommen der Menschen in den jeweiligen Währungsgebieten. Hierdurch würde der heutigen Spekulationswirtschaft der Boden entzogen. Geld würde nur noch ein Werteübertragungsmittel darstellen, aber nicht selbst Ware oder Spekulationsobjekt sein können (A. Caspar[70a,b]).

Es ist leicht einzusehen, dass solche grundlegenden Strukturveränderungen nur erreicht werden können, wenn sich (vielleicht erst nach dem großen «Crash», den E. Hamer et al.[50] und andere prophezeit haben) der soziale Organismus in Richtung einer dreigliedrigen Struktur mit einem sich selbst verwaltenden, assoziativ gesteuerten Wirtschaftssystem weiterzuentwickeln beginnt.

10.2. Geistesleben und Rechtssystem

Ebenso wie im Wirtschaftssystem haben sich heute aber auch im **Kultur- und Geistesleben** gravierende Fehlentwicklungen herausgebildet. Während das Wirtschaftssystem zunehmend expandiert (unterer Kreis in Abb. 9, S. 88), bleibt das Geistesleben mehr und mehr in seiner Entwicklung zurück (oberer Kreis in Abb. 9). Die Neuentwicklung technischer Geräte, die Erforschung des Weltalls und der irdischen Verhältnisse bis in die molekularen Dimensionen hinein haben zwar in der Menschheitsgeschichte nie da gewesene Dimensionen erreicht, die allgemeine Bildung, das Erleben des Seelisch-Geistigen im Menschen selbst, wie auch die natürliche Religiosität sind jedoch auf ein unvorstellbar niedriges Niveau gesunken. Man sollte nicht glauben, wie viele Analphabeten es heute schon wieder gibt, wie viele Menschen nicht einmal das Kleine Einmaleins beherrschen und wie viele kaum lesen und orthographisch richtig schreiben können. Die Bildungs- und Forschungseinrichtungen hängen am «Gängelband» des Staates, der seine Bildungspolitik im Zick-Zack-Kurs betreibt und immer viel zu wenig Geld hat, um die Institutionen sachgerecht fördern zu können. Die wenigen privaten Schulen und Universitäten müssen ständig ums Überleben kämpfen und werden in der Öffentlichkeit meist nur wenig anerkannt. Auch die Wissenschaftler sind stark vom Staat abhängig und meist – sofern sie sich nicht von Industrie oder Sponsoren zusätzliche Mittel besorgt haben – wenig effektiv arbeitsfähig. Die ständig veränderten, nach politischen Vorgaben gestalteten Hochschulgesetze schränken die Arbeitsmöglichkeiten der Institutionen mehr ein, als dass sie diese fördern und anregen, sind sie doch meist nicht aus sachlichen Notwendigkeiten, sondern aus politischen Intentionen entstanden. Dies wurde u.a. am Beispiel der Universität Witten-Herdecke von Konrad Schily[46] eindrucksvoll dargestellt.

Eine fast dramatisch zu nennende Einseitigkeit in der Entwicklung des Kultur- und Geisteslebens hat sich in den letzten Jahrzehnten durch die Entwicklung der Computer- und Kommunikationssysteme ergeben. Die Auswirkungen der Medienprogramme auf die seelisch-geistige Entwicklung der Menschen, vor allem auch die der in Entwicklung begriffenen Kinder und Jugendlichen sind noch wenig untersucht worden und teilweise auch noch gar nicht abzusehen (vgl. u.a. H. Buddemeier[2]). Der Einfluss des Fernsehens auf Jugendkriminalität und Gewaltbereitschaft ist vielfach diskutiert, wenn auch nicht eindeutig nachgewiesen worden. Sicher führt aber der exzessive Konsum technisch reproduzierter Bildprogramme langfristig nicht zu einer Bereicherung, sondern eher zu einer Verödung des Seelenlebens.

Wie beim «wuchernden Geld» würden auch beim «wuchernden Informationswesen» die Entwicklungen, die die Menschheit weiterbringen sollen, ganz anders verlaufen, wenn das Kultursystem in Freiheit sich selbst verwalten und genügend Mittel aus der Wirtschaft (ohne spezifische Auflagen) erhalten würde.

Hier liegen die großen Aufgaben des **Rechts- und Staatssystems**. Wie oben dargestellt, hat der heutige Nationalstaat viel zu viele Aufgaben übernommen, die wesensgemäß gar nicht zu ihm gehören. Die Beschränkung des Staates auf seine Rechtsfunktionen hat schon Anfang des 19. Jahrhunderts Wilhelm von Humboldt gefordert, um den Bürgern mehr Freiheit zu geben (zitiert nach D. Spitta[68]). Stattdessen übernimmt der «Sozialstaat» heute immer neue Aufgaben, sodass der Staatshaushalt expandiert und die Staatsschulden von einer Legislaturperiode zur nächsten in immer größere, schwindelerregende Höhen ansteigen (G. Moewes[58]). Auf der einen Seite wachsen die staatlichen Verpflichtungen, z.B. durch die immer weiter steigenden (u.a. durch die Fehlentwicklungen in der Wirtschaft bedingten) Sozialausgaben, aber auch durch strukturbedingte Änderungen in der Gesellschaft und im internationalen Staatenverbund (EU, NATO usw.), auf der anderen Seite werden den Nationalstaaten durch die expandierende Wirtschaft, vor allem im Zuge der Globalisierung, zunehmend Kompetenzen genommen (sog. Deregulierung, vgl. z.B. J.E. Stiglitz[9], M. Chossudovsky[7], G. Moewes[58]). Der soziale Organismus wird erst dann wieder gesunden und eine positive Entwicklung in die Zukunft hinein beginnen können, wenn das Rechts- und Staatssystem sich auf seine originären Aufgaben besinnt und ordnungsschaffend in die selbstständig gewordenen beiden anderen großen Funktionssysteme durch sinnvolle, objektiv notwendige (nicht politisch tendenziöse) gesetzliche Regelungen eingreift. Durch die (Vernunft ausstrahlende) Kraft des Staates (nicht durch Macht oder Gewalt) müssten die beiden anderen Systeme zusammengehalten und damit arbeitsfähig erhalten werden, wie im menschlichen Organismus durch das Herz-Kreislaufsystem die lebensfähige Ganzheit erreicht und erhalten wird. Das würde auch die «Brutalität der Globalisierung», wie M. Chossudovsky[7] sich ausgedrückt hat, entschärfen. Hier liegen in der Gegenwart, in der die Nationalstaaten immer mehr an Bedeutung verlieren, während sich die internationalen Zusammenschlüsse und damit auch die Probleme eines internationalen Rechtes (sog. Völkerrecht) zunehmend vergrößern, die entscheidenden Aufgaben der Menschheit, die – wenn sie nicht gelöst werden – zu Katastrophen führen müssen.

11. Entwurf einer funktionsgerecht geordneten, auf drei unabhängigen Systemen beruhenden Gesellschaftsordnung

«In der Gegenwart ist es zu einem in der Geschichte der Menschheit einmaligen Zusammentreffen von vier außergewöhnlichen Entwicklungslinien gekommen: 1. die Überalterung der Bevölkerung, 2. die Revolution der Informationssysteme, 3. die Klimaveränderungen mit Artensterben usw. und 4. die Instabilität der Währungen. Jede dieser Veränderungen würde allein schon ausreichen, das Sozialgefüge der Menschheit empfindlich zu stören. Zusammen machen sie es nahezu unmöglich, dass wir so weiterleben wie bisher» (Willis Harman, zit. v. B.A. Lietaer[10]).

Ist denn unsere gegenwärtige Gesellschaftsordnung nicht «funktionsgerecht» geordnet, haben wir nicht (gottlob immer noch) einen funktionierenden Rechtsstaat, Meinungsfreiheit, Freiheit von Forschung und Lehre und vieles andere mehr?

In der Tat wurde nach der dämonischen Diktatur der Dreißigerjahre, nach dem 2. Weltkrieg in einer «Sternstunde» Deutschlands (Buchleitner[18]) eine Verfassung geboren, die viele positive und «funktionsgerechte» Grundzüge enthält. Aber die – eigentlich auf allen Gebieten – zunehmenden Probleme, die ansteigende Arbeitslosigkeit und Staatsverschuldung, die wachsende Kriminalität, die erschreckende Brutalität im Wirtschaftsleben, die Instabilität der Geldwerte, die Sterilität und die Unfreiheit im Geistesleben, um nur einige Beispiele zu nennen, zeigen doch, dass etwas nicht stimmt, dass wir in den verschiedenen Funktionsbereichen unserer Gesellschaft falsche Prinzipien anwenden und daher ständig neue Probleme, ja Unruhen und Katastrophen erzeugen.

Diese Probleme werden heute von vielen, auch namhaften Autoren gesehen (z.B. J. Cohen und A. Avato[45], J.E. Stiglitz[9], H.H. Vogel[47], N. Perlas[11], R. Henrich[20], G. Moewes[58], H. Creutz[69], H.W. Sinn[61], R. Baader[62,63],

F. Groll[59]). Vor allem der Preisträger des letztjährigen alternativen No-
belpreises Nicanor Perlas[11] hat gefordert, die Einseitigkeiten der globalen
Wirtschaftssysteme mit ihren Wucherungs- und Machttendenzen durch
die Einbeziehung der Zivilgesellschaften («alle aktiven und organisierten
Zusammenschlüsse und Vereinigungen im kulturellen Bereich») – wie
er sich ausdrückt – «zu zähmen». Die Gesellschaft werde erst durch
die Aufnahme dieses dritten Systems gesund und produktiv lebensfähig
werden (Abb. 10, S. 90). Wörtlich heißt es: «Wenn der Stoffwechselpro-
zess, der normalerweise in der Magengegend stattfindet, im Gehirn aktiv
wird, bekommt man Kopfschmerzen. Auf ähnliche Weise sind in Markt,
Staat und Zivilgesellschaft unterschiedliche strukturelle Realitäten vorhanden», d.h. es müssen unterschiedliche Prinzipien zur Anwendung
kommen. Natürlich kann «das Individuum in jedem Untersystem der
Gesellschaft tätig sein. Dabei muss der Einzelne jedoch ein konkretes
Verständnis der ‹Gesetze› haben oder der jeweils anders gearteten inneren Logik in jedem dieser unterschiedlichen Subsysteme der Gesellschaft,
damit er fähig ist, sich in dem speziellen Bereich der Gesellschaft produktiv zu engagieren. Kulturelle Prozesse haben sehr unterschiedliche Ziele
und Praktiken im Vergleich zu Politik und Wirtschaft. Die Wirtschaft
in die Kultur einzubeziehen und umgekehrt, kann höchst problematisch
sein ...» (N. Perlas[11]).

Perlas fordert damit letztlich eine funktionale Dreigliederung der Gesellschaft, in der die drei großen Funktionsbereiche jeweils nach eigenen Prinzipien unterschiedlicher Qualität strukturiert, aber durch das menschliche
Individuum zu einer lebensfähigen Ganzheit verknüpft werden.

Im Folgenden soll nun versucht werden, die Struktur einer solchen
dreigegliederten Gesellschaft zu skizzieren. Dies mag nicht wenigen Le-
sern illusionistisch, vielleicht sogar abwegig erscheinen. Tatsächlich sind
die vielfältigen Funktionsprozesse innerhalb der Gesellschaft in ihrer gegenseitigen Verschränktheit zunächst nur schwer zu verstehen und wohl
noch schwerer zu akzeptieren. Aber erst, wenn immer mehr Menschen
sich zu einem – und sei es nur anfänglichen oder partiellen – Verständnis dieser Gesetzmäßigkeiten durchgerungen haben und damit auch die
heute überall in der Gesellschaft sichtbar werdenden pathologischen Vorgänge in ihrem Grundcharakter begreifen lernen, kann man hoffen, dass

Tatkraft, Mut und Initiative aufgebracht werden, diese zu beseitigen, und dass unser kranker sozialer Organismus allmählich wieder gesundet.

11.1. Kultur- und Geistesleben

Ein schöpferisch produktives Kultur- und Geistesleben ist die Grundvoraussetzung für die Gesundheit von Staat und Wirtschaft.

In unserer Zeit, so scheint es, ist jeder an Wohlstand (sprich: Wohlleben), d.h. «Wirtschaftswachstum» interessiert; nicht bedenkend, dass die produktiven («ernährenden») Kräfte für die Wirtschaft im Kultur- und Geistesleben zu suchen sind. Im Kulturbereich muss als oberstes Prinzip, wie oben dargestellt, **Freiheit** herrschen. Das gilt in gleicher Weise für Wissenschaftler, Lehrer, Richter oder Erfinder. In den jeweiligen Bildungseinrichtungen (Universitäten, Forschungsinstituten, Schulen, Theater usw.) müssen die führenden Köpfe (Leiter) selbstständige Direktoren sein, die ihren Mitarbeitern gegenüber in allen die Forschung betreffenden Angelegenheiten weisungsbefugt sind. Eine «demokratische Mitbestimmung» von Untergebenen darf es eigentlich in diesem Bereich nicht geben, da das schöpferische Potenzial des Leiters der Institution sonst nicht zur Entfaltung kommen kann. Demokratisch gewählte Gremien können in wissenschaftlichen oder kulturellen Institutionen nur rechtliche Dinge behandeln, niemals die geistigen oder kulturellen Angelegenheiten selbst. Freiheit der Forschung, Freiheit der Lehre und der Publikationsmöglichkeiten usw. bedeutet jedoch nicht, dass jeder, der einmal eine leitende Position erreicht hat, tun und lassen kann, was und wie viel (oder wie wenig) er will. Jeder hauptamtliche, frei arbeitende Wissenschaftler ist Teil einer übergeordneten Institution, deren Leiter sich zu übergeordneten Gremien zusammenschließen, die dann Kontrollfunktionen ausüben können und sollen. Die Vertreter derartiger Gremien könnten demokratisch (auf Zeit) gewählt werden, wobei der rechtliche Rahmen vom Staat zu schaffen ist. So würde der gesamte Kulturbereich von einem System fachkompetenter Vertreter des Geisteslebens selbstständig und unabhängig, d.h. frei «regiert» und damit zugleich auch kontrolliert bzw. organisatorisch gesteuert, ohne dass dadurch Unfreiheit oder gar Macht in das System einzieht.

Im Grunde genommen besteht ein solches System in Ansätzen auch heute schon z.B. im Bereich der Universitäten, wo durch Fakultäten, Senate, Rektorate usw. eine Art Selbstverwaltung vorhanden ist. Jedoch sind diesen Organen durch die jeweiligen «Dienstherren», d.h. die Kultusministerien und Politiker, meist so stark die Hände gebunden, dass freie Entscheidungen kaum möglich sind. Die politischen Institutionen treffen ihre Entscheidungen nach bürokratischen Regeln, d.h. nach formaljuristischen Kriterien, ohne Rücksicht auf die geistigen Zusammenhänge oder Notwendigkeiten. Ein selbstständiges und vom Staat unabhängiges Geistesleben müsste aber in der Lage sein, seine Zielsetzungen und Tätigkeiten selbst zu bestimmen, was sofort möglich würde, wenn die staatlichen Vorschriften wegfallen würden und z.B. die Wissenschaftler ihre Aufgaben und Programme selbst bestimmen könnten.

Man wird einwenden, das sei doch schon jetzt der Fall. Genauer besehen, ist das aber nicht so! Ein gewaltiges Handicap der staatlichen Institutionen ist nämlich die Verbeamtung ihrer Mitglieder. Und das bezieht sich nicht nur auf die beamteten Akademiker, sondern praktisch auf alle Mitarbeiter, auch wenn sie «de jure» nicht Beamte sind. Die heutigen Tarifordnungen erlauben es praktisch nicht (theoretisch schon), einen länger als sechs Monate Beschäftigten zu entlassen, selbst wenn er nichts kann, nichts tut oder nichts tun will. Der Stellenplan der staatlichen Institutionen ist nicht nur unflexibel, sondern fest zementiert. In einem solchen System ist ein freies, schöpferisches Arbeiten nur schwer möglich. Dass die Wissenschaft überhaupt Fortschritte macht, ist ein Wunder und beruht größtenteils auf der Genialität einzelner Forscher, die sich zusätzliche Mittel beschaffen und sich so (meist mit Hilfe der Industrie) einen gewissen Freiraum erkämpfen.

Hier sind wir an einem entscheidenden Punkt: Wer ist für die Finanzierung der jeweiligen Institutionen zuständig, wenn der Staat ausgegliedert wird und der Kulturbereich sich selbst verwalten muss? Kann das überhaupt ohne «Messerstechen» oder gerichtliche Auseinandersetzungen zwischen den einzelnen Wissenschaftlern abgehen? Grundsätzlich müsste das Geld natürlich aus dem Wirtschaftssystem, am besten in

Form einer pauschalen Zuweisung an das Kultursystem, kommen und nicht (indirekt über Steuern) vom Staat oder durch zweckgebundene Spenden an die einzelnen Institutionen oder Personen verteilt werden.

Wie in vielen anderen Bereichen auch, klammert sich aber der Bürger heute meist zuerst an den «Vater Staat». Man sagt, dieser solle entscheiden, wenn sich die Professoren streiten, die Studenten streiken, die Lehrer Forderungen stellen usw. Aber glaubt man wirklich, dass in einer Gesellschaft intelligenter und reifer Menschen eine Selbstverwaltung der Mittel ohne den Staat nicht möglich wäre? Wenn überhaupt Menschen beurteilen können, wo Geld gespart, wo es sinnvoll eingesetzt oder wo es umgeschichtet werden kann, dann doch nur die im Geistesleben Tätigen selber. Die Politiker oder Bürokraten werden vielleicht die Sachzwänge einsehen, wenn man sie eingehend genug informiert hat, aber fast nie danach handeln können, weil sie (wegen der vorgegebenen Vorschriften) nicht die Freiheit dazu haben. Selbstverwaltungsgremien, die sich aus den Mitgliedern des Geisteslebens selbst rekrutieren, hätten aber diese Freiheit! Sie könnten nach den jeweiligen Sachzusammenhängen z.B. Institute schaffen, Stellen streichen oder umwidmen, Etats verändern, Bildungsstätten auflösen oder neue gründen usw., je nachdem, wie sich das Geistesleben insgesamt entwickelt hat oder entwickeln soll. Das dürften natürlich keine Willkürentscheidungen sein. Wie oben dargelegt, könnte ein gesetzlich geregeltes Antragssystem mit frei gewählten Gutachtern, die selber Wissenschaftler und fachlich kompetent sind, die Grundlage für die jeweiligen Entscheidungen abgeben. Die einzelnen Institutionen würden ihr Budget, ihre Stellen usw. beantragen und diese Anträge im Einzelnen begründen. Die Anträge sollten dann durch fachkompetente(!) Gutachter sachlich und anonym beurteilt und anschließend von gewählten, zum Kultursystem gehörenden Verwaltungsgremien («Kulturräte», «Foren» o.ä.) entschieden werden. Ein ähnliches System wird schon seit mehr als fünfzig Jahren bei der Deutschen Forschungsgemeinschaft (DFG) mit Erfolg praktiziert. Ist genügend Geld vorhanden, können die Anträge – positive Gutachten vorausgesetzt – in voller Höhe bewilligt werden, andernfalls müssen Abstriche gemacht werden. Diese werden – da sie von Sachkennern vorgenommen werden – einsehbar und sozial gerecht sein und nicht, wie es heute beim Staat gang und gäbe ist, lediglich nach bürokratischen oder politischen Vorgaben erfolgen. Das soll nicht heißen, dass gesetzliche Regelungen über Tarife, Arbeitsbedingungen usw. überflüssig wären. Die rechtlichen Prozesse gehören eben einem anderen Funktionssystem an und müssten ihren eigenen Gesetzen entsprechend strukturiert werden, und zwar hier natürlich vom Staat nach dem Gleichheitsprinzip.

Man sage nicht, dies alles sei illusionistisch und undurchführbar. In den USA z.B. ist vieles schon seit Jahrzehnten so geordnet, wie es hier gefordert wird. Staatliche Universitäten sind in der Minderheit, die meisten Universitäten sind Privatuniversitäten, die sich staatsunabhängig mit Erfolg selbst verwalten. Dadurch wird auch eine Leistungskontrolle möglich. An den amerikanischen Universitäten existieren auch übergeordnete Verwaltungsgremien (Boards), die über die Verteilung der jeweils vorhandenen(!) – nicht der abstrakt vom Staat geforderten – Mittel entsprechend den von den Wissenschaftlern gestellten Anträgen entscheiden. Zusätzliche Forschungsmittel beschaffen sich die Wissenschaftler durch Grants (sog. Drittmittel), deren Vergabe ebenfalls nach entsprechenden, oft sehr detaillierten Anträgen durch berufene, weitgehend aus Wissenschaftlern bestehende Gutachtergremien erfolgt.

Das amerikanische System ist allerdings nicht in allen Punkten nachahmenswert, zumal wirtschaftliche Einflüsse oft sehr dominierend sind und das Grant-System wegen der häufig fehlenden Infrastrukturen die geistige Flexibilität nicht selten auch behindert. Für unsere Betrachtungen ist jedoch die Erkenntnis entscheidend, dass im Funktionsbereich der reinen, zweckfreien Forschung die Organisation der wissenschaftlichen Institutionen nach rein geistigen Gesichtspunkten unter Verwirklichung größtmöglicher **Freiheit** zu erfolgen hätte, wofür sich zweckmäßigerweise hierarchisch geordnete, akademische Leitungsgremien ausbilden müssten (Tab. 4, S. 121).

Die Verwaltung der Finanz- und Personalmittel sollte dann aber durch eigene, den jeweiligen Institutionen angegliederte, staatsunabhängige Verwaltungsorgane erfolgen. Wenn der Staat keine Bildungspolitik mehr betreibt und der Kultursektor sich selbst verwaltet, d.h. seine Mittel z.B. pauschal von der Wirtschaft direkt zugewiesen erhielte, wären es immer die den einzelnen Kulturbereichen zugeordneten Verwaltungsorgane selbst, die die Verwaltung dieser Mittel durchführen würden. In diesen Organen wären dann die fachkompetenten Wissenschaftler bzw. fachbezogenen Vertreter des Geisteslebens selbst dafür verantwortlich, sachgerechte Entscheidungen zu treffen. Nach welchen Kriterien könnten sie dabei vorgehen? Wenn politische oder wirtschaftsbezogene Einflüsse weggefallen wären, blieben letztlich doch nur noch sachliche Gesichtspunkte übrig, vorausgesetzt, dass die Gremienmitglieder oder Gutachter bei den Entscheidungen über die jeweiligen Anträge bzw. Finanzierungspläne keine Eigeninteressen einbringen können und anonym bleiben. Bei den akademischen Belangen spielt das Prinzip der Freiheit die Hauptrolle, bei der Finanzverwaltung kommt jedoch noch das Kooperationsprinzip («Brüderlichkeit») mit ins Spiel. So könnten z.B. im Einzelfall menschliche Verhältnisse (Notsituationen, Standortfragen o.ä.) mit berücksichtigt werden. Man sieht, wie das hierarchisch gegliederte System im Bereich der reinen Wissenschaft mit ihrem auf der Leistungsebene natürlichen Konkurrenzstreben auf der Finanzierungsebene, d.h. im Bereich der Verwaltungs- und Bewilligungsorgane, durch das Kooperationsprinzip aufgelockert wird (Tab. 4).

Zwischen den finanzierenden Verwaltungsorganen und den rein akademischen Organen sollten schließlich demokratische Beratungsorgane vermitteln, vor allem über Rechtsfragen, deren gesetzliche Grundlagen natürlich vom Staat geschaffen werden müssten. Damit würde eine mittlere Ebene entstehen, in der auch das Gleichheitsprinzip eine Rolle spielen würde (Tab. 4). Hier befinden wir uns in der Rechtssphäre. Hier könnten z.B. Studienordnungen, akademische Graduierungen, Arbeitsverhältnisse, Berufungen usw. beraten werden, soweit es sich dabei um rechtliche Aspekte handelt.

Um ein Bild zu haben, könnte man sagen: Ein Wissenschaftler könnte theoretisch auf allen drei Ebenen mitarbeiten (vorausgesetzt er würde gewählt), aber in der unteren Ebene würde er mehr nach dem Kooperationsprinzip (bildlich gesprochen: die Stühle stehen im Kreis), in der mittleren Ebene mehr nach rechtlichen Prinzipien (die Stühle stehen nebeneinander), in der oberen Ebene dagegen nach hierarchischen Prinzipien (die Stühle stehen quasi übereinander oder sind unterschiedlich groß) arbeiten.

Lehre und Ausbildung

Dieselbe funktionelle Gliederung ergäbe sich auch im zweiten («mittleren») Funktionsbereich des Kultur- und Geisteslebens, nämlich dem, der vornehmlich mit Ausbildung, Lehre oder künstlerischen Betätigungen zu tun hat (Spalte 2 in Tab. 4). Auch hier gäbe es eine («obere») Leitungsebene (Lehrer, Ausbilder, Meister, Künstler), in der ausschließlich das Leistungsprinzip eine Rolle spielen würde. Je besser, desto höher! Ein Generalmusikdirektor, der unmusikalisch ist, wäre ein Unding. Ein Justizminister, der im Juraexamen durchgefallen ist, ist aber in unserem heutigen System durchaus möglich.

Auch im zweiten Bereich des Kulturlebens müsste es eine mittlere Ebene geben, in der nach dem Gleichheitsprinzip die Rechtsfragen (Arbeitsverträge, Streitfragen usw.) zu behandeln wären. In den Schulen bestehen heute schon vielfach Elternbeiräte und Schülervertretungen. Hier kann ein Zusammenwirken aller «Betroffenen», d.h. Lehrer, Schüler und Eltern, erfolgen, wenn es sich um Probleme der Rechtssphäre handelt. – Auch die Lehrerkonferenzen sind ja im Grunde schon demokratische Gremien dieser Art. – Es widerspräche aber dem Prinzip der Freiheit des Geisteslebens, wenn solche Gremien etwa die Unterrichtsinhalte, die Lehrmethoden oder die Lehrpläne beeinflussen wollten, ganz zu schweigen von den finanziellen Belangen.

Die Finanzverwaltung der in diesem Sektor arbeitenden Institutionen müsste jedoch durch eigene, unabhängige Verwaltungsorgane erfolgen – wiederum unter Berücksichtigung kooperativer Prinzipien. Wiederum dürften in den Bewilligungsgremien der Verwaltungsorgane nur sachkompetente Fachgutachter sitzen, die die gestellten Anträge sachgerecht beurteilen und zweckentsprechend entscheiden könnten. Solche Entscheidungen würden von den Betroffenen in der Regel auch akzeptiert, was sich bei den vergleichbaren Entscheidungen staatlicher Organe meist nicht sagen lässt.

Man wird einwenden, dass eine staatsunabhängige Selbstverwaltung von Schulen und anderen Ausbildungsstätten doch niemals funktionieren könne, da sich endlose Rangeleien zwischen den einzelnen Schulen um die Finanzmittel und das Prestige ergeben würden. Der Wettstreit (Konkurrenz) um das höchste Ansehen ist jedoch gesund und förderlich! Hat doch gerade die Gleichheit unserer Schulen zu ihrer Leistungsschwäche und Insuffizienz geführt. Der Kampf um die Mittel ist berechtigt, kann aber niemals deletär werden, wenn die Entscheidungen von unabhängigen (!), dem Wissenschaftsbereich selbst angehörigen Fachleuten aufgrund sachlicher Kriterien gefällt werden. Im Gegenteil, der Wettstreit zwischen den einzelnen Institutionen würde das kulturelle Leben sehr beleben.

Ein Beispiel: Einige Lehrer haben eine neue pädagogische Idee und wollen eine neue Schule gründen. Sie finden Eltern, die sich für diese Idee begeistern. Die Lehrer stellen einen Antrag auf Zuweisung von Mitteln an das entsprechende Verwaltungsorgan des Kultur- und Geisteslebens, das ja staatsunabhängig arbeitet, also ganz frei ist. Dieses Organ beruft (anonyme) Fachgutachter aus dem Schulbereich, die sich über den Antrag ein Urteil bilden und Vorschläge erarbeiten. Findet der neue Impuls Zustimmung bei den Vertretern des Geisteslebens, würde der zuständige «Finanzausschuss» entsprechende Mittel bewilligen. Würde sich dann die neue pädagogische Idee bewähren, wären Eltern und Schüler weiterhin begeistert, sodass immer mehr Schulanmeldungen kämen und die Schule wachsen würde, erhielte die Schule weiterhin Fördermittel. Eine andere Schule dagegen würde vielleicht stagnieren, die Lehrer wären weniger engagiert, die Eltern enttäuscht und unzufrieden, sodass die Schule weniger Mittel erhielte und vielleicht nach und nach eingehen würde. Selbst wenn die Lehrer einer solchen «absteigenden» Schule ihre Inkompetenz nicht zugeben und nach wie vor große Förderungsanträge stellen würden, würde den Fachgutachtern, in denen natürlich hochangesehene und fachkompetente Pädagogen sitzen müssten, das niedrige Leistungsniveau einer solchen Schule nicht verborgen bleiben. Da in einem sich selbst verwaltenden, selbstständigen Geistesleben in der Finanzebene wiederum das Kooperationsprinzip («Brüderlichkeit») mitwirken würde, könnten sogar bei einer eventuellen Schließung einer solchen Schule menschliche Härten bzw. Ungerechtigkeiten im Einzelnen vermieden werden, was bei einer staatlichen Verwaltung, da sie nur nach den juristischen Vorgaben entscheidet, kaum möglich wäre.

Man sieht, wie durch solche Organisationsformen wieder mehr Flexibilität, mehr Möglichkeiten für Neuentwicklungen, mehr Anpassungsfähigkeit an wechselnde Verhältnisse, aber auch Abbaumöglichkeiten für überalterte Strukturen in das Geistesleben hineinkämen und wie dadurch die jetzt eingetretene Erstarrung überwunden werden könnte. Der geistige Wettstreit (Konkurrenz) zwischen den Institutionen würde belebend wirken, zumal, wenn sich das auch finanziell bemerkbar machen würde. Er würde zu einem wirkungsvollen Faktor für neue schöpferische Impulse werden. Leistungsanreize dieser Art bestehen heute weder bei den Schulen noch bei den Universitäten. Ein beamteter Lehrer kann bis zum Rentenalter dahindämmern und seine Schüler langweilen, ohne dass eine Veränderung in seinem Bereich eintritt (selbst wenn man wollte, könnte man ihn nicht entlassen). Man überlege nur einmal, was es für das geistige Leben einer Universität bedeuten würde, wenn Studenten ihre Lehrer frei wählen könnten, wenn gute Hochschullehrer volle Hörsäle hätten und Schüler aus allen Teilen der Welt zu diesen Lehrern strömten, während schlechte Lehrer vor leeren Bänken dozieren müssten. Unsere Hochschulen sind heute vielfach erstarrt, weil alles bis ins Letzte staatlich reglementiert ist, sodass selbst ein Studienortwechsel für einen Studierenden kaum noch möglich ist, von der legendären «akademischen Freiheit» früherer Jahre ganz zu schweigen.

An dieser Stelle sollte vielleicht auch nochmals die Frage des **Schul-** und **Lehrgeldes** gestellt werden. Es ist eigentlich durch nichts gerechtfertigt, für geistige Leistungen kein Endgeld zu verlangen. Selbstverständlich sollten Schüler und Studenten für den ihnen erteilten Unterricht bezahlen! Warum soll ein Handwerker seinen Lohn erhalten, der geistig Arbeitende aber nicht. Die Frage, ob dadurch begabte Kinder armer Eltern von einer höheren Laufbahn ausgeschlossen werden, ist eine soziale bzw. rechtliche Frage, die sich durch entsprechende Gesetze durchaus regeln ließe. Es gibt genug Modelle in der Welt, diese Probleme sinnvoll zu lösen. So kann man Begabten-Stipendien, Darlehen, Freiplätze u.a. einrichten. Wie immer der Weg aussieht, den man wählt, Eltern und Schüler lernen begreifen, dass man im Leben nichts geschenkt bekommt, weder Geistiges noch Materielles, und dass das besonders Hochwertige (und Geistiges ist hochwertig!) auch seinen Preis hat. Die oben erwähnten Anträge der Schulen beziehen sich also nur auf diejenigen Beträge, die von den Schülern nicht aufgebracht werden können. Man denke auch nicht, dass eine schulgeldfreie Ausbildung nichts kosten würde. Die Kosten, die Eltern und Studenten nicht zahlen, zahlt nämlich heute der Staat, d.h. der Steuerzahler.

Spätestens hier wird man die Frage nach den **Zertifikaten** und **Prüfungen** aufwerfen. Ein sich selbst verwaltendes Geistesleben müsste selbstverständlich auch frei sein hinsichtlich Art und Umfang der Prüfungen, der Voraussetzungen für Diplome und akademische Grade. Wer anders als der akademische Lehrer kann denn beurteilen, ob ein Lernender die Voraussetzungen für den jeweiligen Grad erfüllt oder nicht. Bei einem freien Geistesleben wird sich sehr bald herausstellen, welches Diplom Wert hat und welches nicht. In den USA weiß man sehr wohl, dass ein Zeugnis der Harvard-Universität höher zu bewerten ist als ein solches einer Universität des mittleren Westens. Das sind natürliche Differenzierungen, die den Reichtum des Geisteslebens ausmachen! Die heutigen anonymen Massenprüfungen mit Multiple Choice-Fragen sind ein Armutszeugnis unseres Systems und nicht nur unsinnig, sondern auch pädagogisch schädlich. Sie basieren auf dem Misstrauen des Staates, der seinen Hochschullehrern nicht zutraut, ein sachgerechtes Urteil über die Leistungen seiner Schüler bzw. Studenten zu erstellen. Es ist ein Unding (und in keinem anderen Land so geregelt), dass der deutschen Universität vom Staat nicht das Recht zugestanden wird, über Zahl und Güte der aufzunehmenden Studenten und entsprechend auch über Art und Inhalte des Unterrichts einschließlich der zugehörigen Prüfungen frei zu entscheiden. Hier wird die Unfreiheit der deutschen Bildungsstätten erschütternd deutlich. Man stelle sich einen Musiker vor, dem vom Staat eine Vielzahl von Schülern zur Ausbildung zugewiesen wird, ohne dass er über Art und Umfang des Unterrichts, über Form, Länge und Inhalte (!) der Prüfungen selbst bestimmen könnte. Der Schüler könnte ja unmusikalisch sein, was soll er sich dann abquälen. Weil an unseren Schulen und Hochschulen wegen des Bildungsmonopols des Staates bei den Prüfungen selbst bis in die Details hinein kein Freiraum mehr existiert, wird der Ausbildungsstand der Absolventen von Jahr zu Jahr schlechter. Erst wenn man den Mut aufbrächte, Schulen,

Universitäten, Theater usw. wirklich Freiheit und Selbstverwaltung zu geben, würde sich alles schlagartig und grundlegend ändern.

Sicher wird mancher einwenden, dass man dem Staat das Recht zugestehen müsse, die Qualität der Hochschulabsolventen, z.B. der diplomierten Ärzte, zu überprüfen. Könnte nicht unter Umständen ein Professorenkollegium (aus Unfähigkeit oder Nachlässigkeit) Zeugnisse ausstellen, die nichts Wert sind, sodass dann Ärzte in der Gesellschaft tätig würden, die nur Unheil anrichteten? Natürlich ist das ein berechtigter Einwand; aber im Grunde doch ein sehr abstrakter. Keine wirklich freie Universität oder Ausbildungsstätte könnte es sich auf Dauer leisten, geringerwertige Zeugnisse auszustellen, ohne ihren Ruf aufs Spiel zu setzen, zumal ja auch die finanziellen Ressourcen davon abhängig wären. Außerdem würden die übergeordneten Leitungsgremien sicher peinlichst darauf achten, dass der Leistungsstandard ihrer Institutionen internationalem Niveau entspräche. Schließlich könnte der Staat durchaus auch Gesetze erlassen, die die rechtlichen Voraussetzungen für die Ausübung z.B. des Arztberufes oder anderer Berufe regeln würden. Abschlussprüfungen müssten aber immer von den Vertretern des Geisteslebens selbst abgehalten werden. Form und Inhalt dieser Prüfungen dürfte der Staat nicht diktieren. Die von den Institutionen ausgearbeiteten Curricula und Prüfungsordnungen könnten ja von staatlichen Stellen überprüft werden. Dabei dürfte es sich aber nur um rechtliche Fragen handeln, nicht um die Inhalte selbst. Dem Gegenwartsmenschen fällt es zunehmend schwerer, die geistige Freiheit als eine eigene, im sozialen Zusammenleben wirklich belebende Kraft zu begreifen und das Misstrauen gegen Freiheiten (sog. «Privilegien») zu überwinden.

Tabelle 4. **Kultur- und Geistesleben** (dominierendes Prinzip = Freiheit)
Struktur eines sich selbst verwaltenden Kulturbereiches

	1 Wissenschafts- bereich	2 Lehre, Ausbildung, Kunst, Schulen	3 Anwendungs- bereich	
Leitungs- ebene (oberer Bereich)	Universitäten, Forschungs- einrichtungen	Ausbildungs- stätten, Theater	Angewandte Forschung, Kirchen	Dominierendes Prinzip Freiheit
Beratungs- ebene (mittlerer Bereich)	Senat (Fakultäten usw.), Demokratische Organe	Demokratische Organe	Demokratische Organe (Patentämter, religiöse Gemeinden usw.)	Rechtsbereich Gleichheits- prinzip
Verwaltungs- ebene (unterer Bereich)	Verwaltungs- organe	Verwaltungs- organe	Verwaltungs- organe, Kapitalbildung	Kooperations- prinzip

Anwendungsbereich

Die geistige Freiheit mit Wettstreit und Leistungsdruck müsste auch im Anwendungs- bzw. Innovationsbereich zum leitenden Prinzip erhoben werden (Spalte 3 in Tab. 4). Hier wird der erste große Bruch mit unserer gegenwärtigen Gesellschaftsordnung notwendig, denn der Anwendungsbereich, d.h. die Entwicklung neuer Produkte, befindet sich heute fast vollständig innerhalb der großen Unternehmen der Wirtschaft selbst und ist von diesen abhängig. Natürlich gibt es angewandte Forschung an den Hochschulen, aber die Großprojekte werden entweder vom Staat finanziert (und kontrolliert!) oder von der Wirtschaft selbst langfristig durchgeführt, wobei in beiden Fällen Abhängigkeiten, Leistungsdruck und Geheimhaltung entscheidende Faktoren darstellen.

Erst wenn dieser Bereich voll aus der Wirtschaft ausgegliedert bzw. aus dem Staatsgetriebe entlassen wäre, könnte sich das Geistesleben wirklich erholen und wieder gesund entwickeln. Man überlege doch nur, welche Größenordnung die Finanzierung der (größtenteils militärischen) Weltraumforschung heute schon erreicht hat und was mit diesen Mitteln in anderen Bereichen (z.B. Bildung, Medizin, Kunst) Lebensförderndes hätte geleistet werden können.

Organisation und Verwaltung der angewandten Forschung müsste in einem sich selbst verwaltenden Geistesleben selbstverständlich ebenso strukturiert sein, wie das oben für die anderen Bereiche geschildert worden ist (Tab. 4). Der Anwendungsbereich hat aber Besonderheiten, die man sich klar machen muss. Überall, wo Wissen in das praktische Leben einfließt, treten ethische und menschliche Probleme auf. Diejenigen Wissenschaftler, die neue Gesetze entdecken und daraus für unser Leben praktischen Nutzen ziehen, können die Welt verändern, wenn die Wirtschaft mit involviert wird. Der Wissenschaftler muss unegoistisch und verantwortungsbewusst arbeiten können, ohne von Interessengruppen der Wirtschaft beeinflusst zu werden. Daher müsste dieser Bereich (d.h. die Innovation) ganz aus dem eifersüchtig bewachten Terrain der Wirtschaft herausgenommen werden. Die Unternehmen könnten zwar Forschungsaufträge erteilen, der Wissenschaftler müsste aber immer frei bleiben und seine Ergebnisse – unabhängig von den Wünschen oder Vorgaben der Industrie – frei veröffentlichen können. Wenn Neuentdeckungen dann in Form von Patenten o.ä. in einer zweiten Ebene geschützt sind, könnten sich die Unternehmen darum bemühen, die neuen Erkenntnisse für die Herstellung neuer Produkte zu verwenden. Hier wird wiederum eine Rechtssphäre betreten, was natürlich auch finanzielle Auswirkungen hat. Selbstverständlich sollte der Forscher, Patentinhaber usw. aus seinen Entdeckungen auch persönlichen Nutzen ziehen dürfen, aber der Hauptteil des Gewinnes aus der Anwendung von Neuentdeckungen sollte in das Geistesleben zurückfließen, denn dort war die eigentliche Quelle für diese Entdeckungen. Das ist ja der große Konstruktionsfehler unseres Wirtschaftssystems, dass die Unternehmen zwar langjährige Anstrengungen für die Entwicklung neuer Produkte machen, die Gewinne daraus dann aber im Firmenbereich belassen – man sagt (mit Recht), man habe doch auch entsprechend investiert. Aber man vergisst dabei, dass die Forscher innerhalb des Geisteslebens ausgebildet worden sind und dass das Geistesleben daher einen berechtigten Anspruch auf die Früchte der in seinem Bereich entwickelten Ideen hat; abgesehen davon, dass Innovationsprozesse innerhalb der Wirtschaft unendlich viel kostspieliger, d.h. unökonomischer sind, weil sie meist in einseitige Richtungen gehen und keine ausreichend breite Grundlage haben.

Vollzöge sich die Innovationsforschung selbstständig, d.h. unabhängig von Staat und Wirtschaft, so würde sie sicher bald zu einem zentralen Bereich des gesamten Geisteslebens werden, das seinerseits auch wieder entscheidende Impulse für Neuentwicklungen liefern würde. Dann würden vielleicht Fragen der Umweltforschung, der Klimabeeinflussung oder der Krebsforschung Vorrang vor Weltraumexperimenten oder Atomversuchen bekommen, was wiederum zur Gesundung der Gesellschaft insgesamt beitragen könnte.

Im Bereich der angewandten Forschung könnten z.B. Gesetzmäßigkeiten, die technische Bedeutung besitzen, entdeckt werden, sodass Wirtschaftsunternehmen Interesse an der Verwirklichung solcher technischer Möglichkeiten gewinnen könnten. Wenn die Wirtschaft selbst mehr kooperativ («brüderlich») organisiert und nicht mehr primär konkurrenzorientiert wäre, könnten Absprachen entstehen, wer z.B. diese und wer jene Neuerung zur Entwicklung bringt. Die Geeignetheit der Unternehmen würde eine größere Rolle spielen als die zu erwartenden Gewinne, die sowieso weitgehend an das Geistesleben zurückfließen müssten. Der «Konkurrenzkampf» um die besten Resultate und die besten Neuentwicklungen würde sich im Bereich der angewandten Forschung, d.h. des Geisteslebens, nicht aber in der Wirtschaft selbst abspielen.

Auf der **mittleren Ebene** dieses Sektors des Geisteslebens (Spalte 3 in Tab. 4) sind nicht nur Patentämter und Vertragsabschlüsse anzusiedeln (demokratische Rechtssphäre), hier müssten auch demokratische Gremien entstehen, die gegebenenfalls bei Fehlentwicklungen, wie sie, um nur ein Beispiel zu nennen, bei der Gentechnik möglich wären, korrigierend eingreifen könnten.

Eine Steuerung der Entwicklungsprozesse im angewandten Bereich ist auch von der dritten Ebene, nämlich der **Finanzierungsebene** aus möglich, wobei wiederum die Wissenschaftler selbst in den Verwaltungs- und Bewilligungsgremien vertreten sein müssten, sodass immer fachkompetente und wirklichkeitsgemäße Entscheidungen getroffen würden.

Von einem «neutralisierten», sich selbst verwaltenden, verantwortungsbewusst arbeitenden und unabhängigen Entwicklungsbereich innerhalb des Kultur- und Geisteslebens wird viel für die Entwicklung und Gesundung des sozialen Organismus abhängen, denn hier liegen letztlich die Quellen für die Wirtschaft und das Wohlergehen aller. Mit dem menschlichen Organismus verglichen, würden hier die «Ernährungsströme» entstehen, die den sozialen Organismus am Leben erhalten; und die Gefahr des Umschlagens in ein «karzinomatöses» Wachstum ergäbe sich nur dann, wenn dieser Strom – egoistischen Zwecken dienend – von der Wirtschaft selbst «verschluckt» würde, statt **allen** Menschen zugute zu kommen.

Zum Anwendungsbereich gehören noch eine Reihe anderer Gebiete der Gesellschaft, denen gemeinsam ist, dass hier Wissen (Geistiges) und Können in praktische Anwendungen, die von Menschen benötigt werden, umgesetzt werden. Hier sind z.B. auch Religionsgemeinschaften oder praktisch-ärztliche Tätigkeiten einzuordnen. Der Priester, der Geistiges im Kultus für die Menschen seiner Gemeinde «herunterholt» und es ihnen im Sakrament spendet, ist dem Wissenschaftler vergleichbar. So wie der Erfinder im Entwicklungsbereich eine neue Gesetzmäßigkeit aus dem «Geistigen» herunterholt und die Menschheit im Materiellen damit bereichert, so bereichert der Priester durch den seelisch-geistigen Strom, den er für seine Gemeinde lebendig werden lässt, das Leben dieser Menschen, wenn auch «nur» im ideellen Bereich (der gläubige Christ spricht allerdings hier auch von einer physischen Verlebendigung durch den «Leib Christi» in der Kommunion).

Gesundheitswesen

Die Funktionsprozesse bei der ärztlichen Tätigkeit sind durchaus vergleichbar mit dem, was über den Anwendungsbereich im Allgemeinen gesagt worden ist. Der innovative Bereich im Gesundheitswesen ist die Erforschung neuer Heilmethoden und Heilmittel, meist im Bereich der Universitäten, aber im Falle der Pharmaka wiederum funktionswidrig größtenteils auch innerhalb der Industrie selbst. Die Pharmaforschung ist ein Teil des Kultur- und Geisteslebens, sollte daher auch aus der Industrie ausgegliedert und funktionell so geordnet werden, wie das oben für die angewandte Forschung allgemein geschildert worden ist.

Die ärztliche Tätigkeit ist eine Kunst und spielt sich zwischen Patient und Arzt ab. Sie gehört also innerhalb des Geisteslebens zur mittleren Ebene, wo auch Rechtsverhältnisse eine Rolle spielen. Die Tätigkeit selbst ist natürlich eine geistige Leistung, die unter dem «Stern der Freiheit» stehen muss (Freiheit der Heilmethoden, freie Arztwahl usw.). Dennoch müssten auch auf dieser Ebene wieder demokratische Gremien gebildet werden, deren Aufgabe es wäre, durch das Zusammenwirken verschiedener Gruppen ordnende und korrigierende Impulse in das System einzubringen. Aus der Notwendigkeit dieser Funktionen sind ja heute schon Strukturen wie Ärztekammern, Ärztevertretungen, Krankenversicherungen entstanden, nur ist auch hier wieder der Staat reglementierend und «chaotisierend» dazwischen getreten, statt dem System die für seine Existenz notwendigen Freiheiten und Selbstverwaltungsmöglichkeiten zu geben.

Die untere Ebene, die der Finanzierung, ist im Bereich des Gesundheitswesens in den letzten Jahren so heftig diskutiert worden, dass man an dieser Stelle kaum emotionsfrei darüber sprechen kann. Aber hier müssten natürlich dieselben Prinzipien wie in den anderen Bereichen des Geisteslebens gelten. Wie der Lernende oder der Gläubige einer Religionsgemeinschaft für die empfangene geistige Leistung ein angemessenes Entgelt zahlen müsste, so natürlich auch der Patient dem Arzt. Da aber, wie überall im Geistesleben, ein solches Entgelt niemals den vollen Wert der Leistung abgelten kann, müssten auch im Gesundheitswesen aus einem Pauschalfonds des Kultursektors sowohl für die ärztlichen Leistungen selbst (ähnlich wie bei Patentinhabern oder Priestern) als auch für die medizinische Entwicklungsforschung finanzielle Aufwendungen gemacht werden. Man könnte auch daran denken, die von den Versicherten aufzubringenden Bezüge variabel zu gestalten, je nachdem, wie viel insgesamt pro Jahr an Aufwendungen für alle notwendig geworden sind, d.h. die Gesamtkosten, die angefallen sind, würden auf alle, die zur Solidargemeinschaft gehören (natürlich nach einem entsprechenden Schlüssel), umgelegt. Der Einzelne würde dann eine Mitverantwortung bekommen, sodass ihm am Steigen oder Fallen seiner Beiträge jeweils die Gesamtsituation bewusst würde. Dies sei nur als Beispiel erwähnt, in welcher Weise verantwortungsbewusste Verwaltungsorgane Überlegungen anstellen könnten, das System gerecht und funktionsfähig zu gestalten. Das Entscheidende bei dem hier charakterisierten «dreigliedrigen» System wäre jedoch wiederum der Gedanke, dass sich der Staat vollständig herauszuhalten hätte und dem sich selbst verwaltenden Gesundheitswesen Freiraum geben müsste, die jeweiligen Probleme selbstständig und unabhängig zu lösen. Fachspezifische Verwaltungs- und Bewilligungsorgane, in denen ja kompetente Fachleute sitzen würden, könnten sicher leichter die richtigen Lösungen finden als Politiker oder Industrielle, die nur ihre Interessen vertreten und niemals ganz objektiv sind.

Da die Verwaltungsorgane aller drei jetzt besprochenen Strukturbereiche übergreifende und übergeordnete Gremien bilden würden, könnten beispielsweise Mittelumschichtungen leicht möglich sein. Würde beispielsweise die dramatische Zuspitzung einer Umweltgefährdung den kurzfristigen Einsatz erhöhter Forschungsmittel nötig machen, könnten entsprechende Einsparungen auf dem Gesundheitssektor vorgenommen werden, oder umgekehrt, müssten – etwa durch eine Epidemie ausgelöst – größere Aufwendungen im Gesundheitswesen gemacht werden, könnte an anderen Stellen gekürzt werden. Man sieht, dass hier wiederum das Kooperationsprinzip, das in der unteren, d.h. der Finanzierungsebene, vorherrschen müsste, zur Geltung kommt, auch wenn in einem sich selbst verwaltenden Geistesleben vorrangig das Prinzip der Freiheit verwirklicht wird.

11.2. Wirtschaftsleben

Die größten Probleme wird der Menschheit in Zukunft sicher die Neu-
ordnung des Wirtschaftslebens bereiten, denn die modernen technischen
Entwicklungen und vor allem die wuchernde Expansion des Geldsystems
haben der Wirtschaft in unserer Gesellschaft einen gewaltigen Radius
verschafft, der nicht so leicht auf seine natürlichen, funktionsgerechten
Dimensionen zurückgeschnitten werden kann.

Auch im Wirtschaftsleben, in dem, wie ausgeführt (s. S. 60 f.), vorrangig
das Kooperationsprinzip («Brüderlichkeit») zur Geltung kommen sollte,
existieren wiederum drei Funktionsebenen, in denen die Prinzipien vari-
ieren (Tab. 5). In der «oberen» Ebene z.B. spielt neben der Kooperation
auch die Freiheit eine berechtigte Rolle. Da sind z.B. die Unternehmer oder
Manager mit ihrem persönlichen Engagement und eigenverantwortlichen
Einsatz zu erwähnen (Spalte 3 in Tab. 5). Im Bereich der Konsumtion
(Spalte 1 in Tab. 5) müssten sich Verbraucherorganisationen bilden, die
die Wünsche und Vorstellungen der Konsumenten mit in das Wirtschaftsgeschehen einbrächten. So etwas gibt es heute noch nicht!

Tabelle 5. **Wirtschaft** (dominierendes Prinzip = Kooperation)
Struktur einer sich selbst verwaltenden Wirtschaft

	1 Konsumtions- prozesse	2 Markt- prozesse	3 Produktions- prozesse	
Leitungsebene **(oberer Bereich)**	Verbraucher- organisationen	Assoziationen	Unternehmer, Management	Kooperation und Freiheit
Beratungsebene **(mittlerer Bereich)**	Verkaufs- einrichtungen	Handel, Warenumsatz	Betriebe, Produktion	Rechtsbereich, Kooperation und Gleichheit
Verwaltungsebene **(unterer Bereich)**	Organe zur «Geld- vernichtung»	Organe zur Geldwert- bestimmung	Investitionen, Kapital- verwaltung	Kooperations- prinzip

Die Verbraucher werden heute von den Produzenten weitgehend manipuliert und z. T. regelrecht ausgenützt. Gezielte Werbung und vor allem eine die individuellen Bedürfnisse wenig berücksichtigende Massenproduktion lassen dem Konsumenten kaum noch einen Freiraum. Verbraucherorganisationen könnten z.B. eigene Zeitschriften zur gegenseitigen (objektiven!) Information herausgeben, Bedürfnisse definieren, die Konsumprozesse beobachten und beurteilen und damit auch auf die Produktionsprozesse selbst einwirken. Sie könnten z.B. auch wissenschaftliche Untersuchungen über die angebotenen Produkte finanzieren oder Umfragen veranstalten. Hier gäbe es viele Möglichkeiten der Mitwirkung an den Wirtschaftsprozessen. Man denke nur an die landwirtschaftliche Produktion oder die Produktion von Kinderspielzeug. In den ehemals kommunistischen Staaten waren sogar Warenbeurteilung und Warenverteilung ein politisches Problem, das vom Staat zwangsweise geregelt wurde – funktionell gesehen eine Groteske. Doch auch in den westlichen Demokratien mit ihrer freien bzw. sozialen Marktwirtschaft kann eine freie Meinungsäußerung über wirtschaftliche Produkte gegebenenfalls gefährlich werden. Wir sind noch weit entfernt von einer kooperativen (sprich «brüderlichen») Wirtschaft.

Im **Produktionsbereich** (Spalte 3 in Tab. 5) müssten Unternehmerpersönlichkeiten natürlich auch einen gewissen Freiraum erhalten. Sie sollten aber nicht Macht entfalten können und Konkurrenzkämpfe führen, sondern sich untereinander absprechen und kooperieren. Dies würde sofort möglich werden, wenn der Entwicklungs- und Innovationsbereich (s. oben) aus der Wirtschaft ausgegliedert worden wäre. Im Entwicklungsbereich kann man ja um die besten Techniken, die neuartigsten und zweckmäßigsten Produktionsmethoden oder Neuentwicklungen von Produkten konkurrieren und kämpfen, das bewirkt sozial keinen Schaden. Innerhalb der Wirtschaft selbst aber darf es keinen Konkurrenzkampf geben (also auch keine absolute Gewerbefreiheit). Die aktiven Unternehmer sollten sich lediglich um die Produktionsmöglichkeiten bewerben, mit den Vertretern des Geisteslebens entsprechende Verträge abschließen und dann im Rahmen der Gesamtwirtschaft ihre Produkte herstellen. Damit dann nicht zu viel oder zu wenig produziert wird, bedarf es allerdings der Mitwirkung der Konsumenten, die sich z.B. in assoziativen Gremien (Assoziationen, «Wirtschaftsräte» o.Ä.) mit Vertretern der Produzenten und Geldgeber (s.o. S. 66) zusammenschließen müssten. Damit befinden wir uns in der Ebene der Marktprozesse (Spalte 2 in Tab. 5), d.h. in einer für unsere heutige Wirtschaft ganz neuartigen Dimension. Der Markt darf durchaus nicht – wie man heute fälschlicherweise immer noch betont – «frei» sein. Beim Handel (Tauschhandel, Geldhandel usw.) kommen zwar rechtliche Prinzipien mit ins Spiel (mittlere Ebene in Tab. 5), aber der Markt ist viel zu sensibel und für die menschliche Gesellschaft viel zu wichtig, als dass man ihn ganz frei lassen sollte (was ja in Wirklichkeit bisher auch nirgends wirklich realisiert worden ist). Für eine funktionsgerechte Steuerung der Marktprozesse müssten sich, wie oben dargestellt, **assoziative Gremien** bilden, in denen Konsumenten, Produzenten, Händler, Vertreter des Geisteslebens und Geldfachleute zusammenarbeiten, um über Art, Umfang und Verteilung der in den Markt strömenden Produkte und deren gerechte (!) Preise zu entscheiden. Hier könnten auch Direktiven für die Kreditvergabe entstehen (vgl. dazu auch A. Caspar[70]).

Dies wäre eine zentrale, im heutigen kapitalistischen System völlig neuartige Funktion, die aber die Wirtschaft erst zu dem machen würde, was sie eigentlich sein sollte, nämlich ein Gesellschaftsbereich zur Befriedigung natürlicher, sinnvoller und notwendiger menschlicher Bedürfnisse – nicht aber zur Vergeudung von Naturschätzen und zur Zerstörung der natürlichen Lebenswelt und damit letztlich nur zur Bereicherung einiger weniger «Kapitalinhaber».

Spätestens hier wird man sagen, das klingt doch alles sehr marxistisch. Gab es nicht im Osten derartige Marktsteuerungen, Festsetzungen von Preisen, Produktionsplanungen und Kreditvergaben durch Gremien schon seit langem? Natürlich, aber man vergisst, dass dies alles politische Institutionen waren, dass der Staat die Wirtschaft gegängelt und bevormundet hat und dass die Planung letztlich den Machtimpulsen der Politfunktionäre diente, nicht aber der natürlichen Bedürfnisbefriedigung der Menschen.

Bei einem sich selbst verwaltenden Wirtschaftssystem würden alle staatlichen Eingriffe entfallen und die erwähnten Entscheidungen nach sachlichen Gesichtspunkten bzw. ökonomischen Notwendigkeiten erfolgen. Damit wäre der Machtfaktor ausgeschaltet.

Auf der «unteren» Ebene, d.h. der Kooperationsebene (Tab. 5), liegt der eigentliche Schwerpunkt der gesamten Wirtschaft. Hier müssten die Investitionen erfolgen, um die Warenproduktion in Gang zu bringen (Spalte 3 in Tab. 5). Hier müssten die Kapitalien und Produktionsmittel (möglichst sinnvoll) verwaltet werden, um die Betriebe funktionsfähig zu erhalten. Hier müssten schließlich auch z.B. im Konsumbereich die Geldwerte für den Warenkauf geregelt werden, um die Konsumtionsprozesse in der richtigen Form am Leben erhalten zu können (vgl. H.H. Vogel[47]).

Die Verwaltung der Produktionsmittel und das Kapital waren von jeher ein Stein des Anstoßes. Seit Karl Marx sein Hauptwerk *Das Kapital*[48] verfasst hat, wird ununterbrochen über Sozialisierung, Verstaatlichung, kapitalistische Ausnützung von Arbeitern usw. diskutiert. Wir wollen jedoch auf diese Auseinandersetzungen nicht weiter eingehen. Sie würden nach Einführung der hier beschriebenen «sozialen Dreigliederung» sowieso gegenstandslos sein.

Wie oben betont, ist eines der Grundübel unserer westlichen Wirtschaftssysteme der **Privatbesitz an den Produktionsmitteln**. Ohne nun das Kapital und die Produktionsmittel zu verstaatlichen, könnte man aber diese leicht der Wirtschaft selbst überstellen. Angesehene, frei gewählte Unternehmer-Vertreter könnten z.B. Verwaltungsorgane bilden, die dann über die im Produktionsbereich vorhandenen Kapitalien und Produktionsmittel verfügen würden. Das sollten unabhängige Führungsorgane sein, in die herausragende Persönlichkeiten delegiert würden, in denen aber auch Bankfachleute oder andere Persönlichkeiten vertreten sein könnten. Wenn entsprechende gesetzliche Regelungen vorhanden sind, könnten von diesen Wirtschafts-Verwaltungsorganen gesamtwirtschaftlich relevante Investitionen getätigt werden, die dann die heute vorherrschende gegenseitige (meist zerstörerische) Konkurrenz der Betriebe überflüssig machen würden. Im Gegenteil, schwache Betriebe könnten gestützt, starke (eventuell zu starke) Unternehmungen reduziert werden, wenn es im Hinblick auf die Gesamtsituation sinnvoll erschiene. Dies wäre in Wahrheit Kooperation, die letztlich auf die Harmonie der Funktionsprozesse, nicht aber auf deren Zerstörung abzielen würde – vergleichbar der Funktion des autonomen Nervensystems.

Diese Verwaltungsorgane könnten auch beim Wechsel der Firmenleitungen ein entscheidendes Wort mitsprechen. Wenn das Unternehmen kein Privatbesitz mehr ist, kann bei Erreichen der Altersgrenze oder bei Unvermögen des bisherigen «Inhabers» («Besitzers») eine andere Persönlichkeit an dessen Stelle treten, wobei dann allerdings allein die fachliche und menschliche Qualifikation ausschlaggebend wäre und private oder familiäre Interessen keine Rolle spielen dürften. Dadurch wäre ein zentraler Missstand des heutigen Wirtschaftssystems, vor allem aber auch der Grund für die stetige Wucherungstendenz des Geldwesens beseitigt, sodass Frieden einziehen und Gemeinschaftserleben aufkeimen könnte.

Dazu könnte auch viel beigetragen werden dadurch, dass der Privatbesitz an den Unternehmungen abgeschafft und die Mitarbeiter am Gewinn und Verlust beteiligt sein würden. Es ist wenig bekannt, dass nach dem 2. Weltkrieg in Deutschland, vor allem in den sechziger Jahren, auf höchster Ebene in Politik und Wirtschaft die Mitbeteiligung der Arbeitnehmer am Gewinn der Unternehmungen schon ernsthaft diskutiert worden ist. H.-W. Sinn[61] schreibt dazu:

«Einflussreiche Persönlichkeiten wie der katholische Sozialphilosoph Oswald von Nell-Breuning oder der Gewerkschaftsführer und spätere Bundesbauminister Georg Leber hatten sich dafür stark gemacht», dass «die Arbeitnehmer zu Miteigentümern am Produktionspotential werden können. Auch die Wissenschaft hatte mit einem Gutachten des Sachverständigenrates und einer umfangreichen Studie von Krelle, Schunck und Siebke zur deutschen Vermögensverteilung in diese Richtung argumentiert. Die Arbeitnehmer sollten neben dem Lohneinkommen auch eine Beteiligung am Kapitaleinkommen erwerben ... Die Gewerkschaften haben diese Thematik [damals] intensiv diskutiert, sich dann aber für die Mitbestimmung statt für die Unternehmensbeteiligung entschieden. Diese Entscheidung war, wie wir heute wissen, ein Fehler ...» «Aber es ist **noch nicht zu spät, den Weg der Unternehmensbeteiligung zu gehen.**»

Man argumentiere nicht, dass eine Mitbeteiligung der Arbeitnehmer in der heutigen, materialistisch denkenden Zeit niemals eingeführt

werden könnte. Es gibt bereits angesehene Betriebe, die solche Regelungen mit Erfolg praktizieren, z.B. die Heilmittelfirma WALA, Eckwälden, deren Beteiligungsmodell für die Mitarbeiter sich schon viele
Jahrzehnte bewährt hat und durchaus wert wäre, Nachahmer zu finden (K. Kossmann[49]). Aber vielleicht muss das gegenwärtig praktizierte
kapitalistische System erst Katastrophen hervorrufen, wie das kürzlich
von E. u. E. Hamer[50] prognostiziert worden ist, um die Menschen zum
Umdenken (und vor allem zum «Umhandeln») zu bewegen.

Im **Konsumbereich** (Spalte 1 in Tab. 5) liegen die Verhältnisse etwas
anders. Während im Produktionsbereich (Spalte 3 in Tab. 5) Geld, d.h.
Kapital investiert werden muss, also zunächst einmal aus der Zirkulation verschwindet, muss es ja im Konsumbereich z.B. zum Kauf von
Waren verwendet bzw. «verbraucht» werden. Während das im Produktionsbereich «arbeitende» Kapital letztlich wieder Warenwerte und
Geld erzeugt, also zu einer Geldvermehrung (z.B. auch durch Zinsen)
führt, muss im Konsumbereich ein natürlicher Gegenpol geschaffen, d.h.
für eine geordnete «Geldvernichtung» gesorgt werden.

Wir hatten oben, an S. Gesell[40] anknüpfend, vom «alternden» Geld
gesprochen, einem Begriff, den R. Steiner[16,17,21,22] verwendet, um anzudeu-
ten, dass das Geld, das ja **nicht** wie die Ware verschleißt oder verdirbt,
einen «Abnützungsfaktor» bekommen muss, um nicht zum «unlauteren Konkurrenten» der Ware zu werden (vgl. a. D. Suhr[38]). Statt eines
positiven Geldstromes von unten nach oben (Spalte 1 in Tab. 5) müsste
also ein «negativer Fluss» installiert werden, um etwa durch zeitlich
begrenzte Geldwerte (z.B. zu einem bestimmten Zeitpunkt ungültig wer-
dendes Geld) den Ausuferungstendenzen des Konsumbereiches zu begegnen, d.h. Produktions- und Konsumtionsprozesse zu harmonisieren
bzw. ins Gleichgewicht zu bringen.

B.A. Lietaer[10] sieht eine Lösung der gegenwärtigen Probleme (insbesondere der Geldproblematik) in einer – wie er es nennt – «integrierten
Wirtschaft». «Dieses System besteht aus einer traditionellen, wettbe-
werbsorientierten Ökonomie auf der einen Seite und einer lokalen kooperativen Wirtschaft auf der anderen Seite», in der dann immer eine
ausreichend vorhanden, aber durch eine «Nachhaltigkeitsgebühr»
kontinuierlich entwertete Komplementärwährung für die Stabilität des

Geldes und die Erhaltung der Arbeitsmöglichkeiten sorgen würde. Dies knüpft an die Thesen von S. Gesell[40]an, die in der Gegenwart am besten von D. Suhr[38] untersucht worden sind. Suhr belegt, dass unsere üblichen Währungen mit positiven Zinsen zu einer systematischen Fehlallokation von Ressourcen führen, was bei zinsfreien Währungen oder bei Währungen mit einer Nachhaltigkeitsgebühr nicht der Fall sein würde. Ähnlich argumentieren auch G. Moewes[58], F. Groll[59], R. Baader[62,63] und H. Creutz[69]).

Man sieht, dass in einem solchen, gegenüber heute stark reduzierten und dadurch wieder gesundenden Wirtschaftssystem zwei Dinge keinen rechten Platz mehr hätten: die Börsen und die Aktien. Wir haben oben diskutiert, warum Geld nicht zur Ware werden darf, mit der man selbst wieder Geld verdienen kann. Im Börsen- und Aktienbereich wird das Geld zum Selbstzweck, es wird damit – wie in einer Spielbank – gespielt, ohne dass diese Prozesse einen sinnvollen funktionalen Zusammenhang mit dem Wirtschaftsleben selbst mehr haben. Wenn sich dann auch noch allmählich die Währungssysteme angleichen würden und schließlich eine Weltwährung entstünde, würden auch der unsinnige und oft so viele Werte vernichtende Devisenhandel, Derivatehandel usw. wegfallen und den Spekulanten wäre ihre Basis entzogen.

Im Bereich der Marktprozesse könnte letztlich in der «unteren» Ebene durch entsprechende Organe (Banken, assoziative Verwaltungsgremien o.ä.) die eigentliche Geldwertbestimmung vorgenommen werden, auf die selbstverständlich der Staat keinen Einfluss nehmen dürfte, um die Selbstständigkeit des Wirtschaftssystems im Ganzen nicht zu gefährden. Allerdings müsste er natürlich die Rechtssicherheit für das Geldwesen liefern.

In der «mittleren» Ebene, derjenigen der Beratung (Tab. 5), würden überall Einrichtungen auftreten, bei denen in gewisser Weise demokratische Prinzipien mitwirken müssten. Innerhalb der Betriebe und Unternehmen (Spalte 3 in Tab. 5) ist es funktionell nicht zu rechtfertigen, ja sogar sozial schädlich, wenn die Mitarbeiter nur als «Lohnempfänger» betrachtet und nicht geistig an den Produktionsprozessen beteiligt werden. Wie oben erläutert (s. S. 55) sind alle in einem Unternehmen Arbeitenden sozusagen «Mitbesitzer» und Mitgestalter, sodass sie jederzeit über den gesamten Produktionsprozess, über Ziele und Aufgaben des Unternehmens bis hin zur finanziellen Situation unterrichtet sein sollten. Hier ergibt sich ein demokratisches «Miteinander», das sich auch in entsprechenden gesetzlichen Regelungen niederschlagen sollte. Durch eine Mitbeteiligung (nicht Mitbestimmung!) aller betrieblichen Mitarbeiter (bis hin zur Putzfrau) und durch die Abschaffung des Privateigentums an den Produktionsmitteln bzw. am Betriebskapital würde der Gegensatz zwischen «Arbeitgeber» und «Arbeitnehmer» entfallen, was für das Arbeitsklima innerhalb eines Unternehmens sowie für das gesamte Wirtschaftssystem eine revolutionäre Neuerung darstellen würde, sodass die Wirtschaft erstmalig ihre unmenschlichen Züge verlöre. Gleichzeitig würden die beiden größten Möglichkeiten, quasi über Nacht Unsummen von Geld zu verdienen und damit Macht zu gewinnen, entfallen, nämlich 1. durch Börsen- und Devisenspekulationen und 2. durch Firmenverkäufe oder Grundstücksspekulationen.

In der 2. Spalte der Tab. 5 wird der Warenumsatz (**Handel**) genannt. Auch dieser würde in einer sich selbst verwaltenden Wirtschaft andere Züge bekommen. Da die assoziativen Gremien den Händlern gewissermaßen «auf die Finger sehen», die Händler und Geldfachleute z.T. selbst in den entsprechenden Gremien sitzen würden, würden Übervorteilungen, Missbräuche u.ä. schwieriger. Nicht mehr die nackte Formel «Angebot und Nachfrage» wäre das bestimmende Element, sondern vielmehr: was ist sinnvoll, d.h. für alle nützlich und notwendig. Waren zu produzieren, die weder gebraucht noch gekauft werden, ist wenig sinnvoll und belastet Mensch und Umwelt. Hier könnten gegenseitige Absprachen, Kaufverpflichtungen usw. auch wieder eine menschlichere Dimension schaffen, die allen Marktteilnehmern gerecht werden und viele Kosten sparen würde.

Auch im **Konsumbereich** (Spalte 1 in Tab. 5) könnte in der «mittleren» Ebene, d.h. bei den vielfältigen Verkaufseinrichtungen, wieder mehr Menschlichkeit einziehen. Die anonymen Großkaufhäuser und Supermärkte haben diese Dimension heute weitgehend verloren. Dort konzentriert sich alles auf Massenware (z.T. weltweit) und Massenumsatz. Individuell interessierende Einzelprodukte oder Sonderanfertigungen hoher Qualität sind kaum noch zu erhalten. Sicher werden die

Großkaufhäuser nicht von heute auf morgen verschwinden, oder die alten «Tante Emma-Läden», wo man anschreiben lassen konnte und der Händler sich persönlich für seine Ware verantwortlich fühlte, wieder erstehen. Aber bei einem organisierten und strukturierten Konsum könnten auch in dieser Ebene wieder mehr Qualität und zwischenmenschliche Beziehungen an Bedeutung gewinnen. So gibt es heute schon landwirtschaftliche Betriebe, die ihren festen Kundenkreis haben, der gerne etwas mehr zahlt, wenn er dafür aber weiß, welche Qualität die gelieferte Ware hat und von wem sie kommt. Man könnte sich auch vorstellen, dass Konsumenten mit oder ohne Beteiligung ihrer Organisationen mit ihren Kaufhäusern Kaufabsprachen treffen, wenn diese z.B. qualitativ hochwertige Produkte eines (vielleicht auch persönlich bekannten) Herstellers anbieten. Sicher gäbe es hier viele Möglichkeiten für ein harmonisches Miteinander anstelle eines konkurrierenden Gegeneinanders. Wichtig ist nur, dass man das Prinzipielle verstanden hat, nämlich auch in diese Ebene mehr Menschlichkeit und Verantwortungsbewusstsein hineinzubringen.

11.3. Rechts- und Staatsleben

Wenn die beiden anderen großen Systeme des sozialen Organismus selbstständig geworden sind und sich selbst verwalten, bekommt das dritte System, nämlich Recht und Staat, eine neue und entscheidende funktionelle Bedeutung für die Gesamtheit der Gesellschaft. Der Staatshaushalt wäre auf ein Minimum geschrumpft, aber die durch Rechtssetzung Ordnung schaffenden Funktionen des Staates wären erheblich gewachsen.

Natürlich würde im gesamten Rechts- und Staatssystem (Tab. 6, S. 137) das Prinzip der Gleichheit dominierend sein. Im Staatswesen findet die Demokratie, d.h. die Mitbestimmung aller mündigen Bürger, ihre eigentliche Domäne. Dennoch müssten auch hier wieder Differenzierungen gemacht werden. In der Legislative, die sich wiederum in drei Bereiche aufgliedern lässt, nämlich Regierung, Parlamente und Verwaltungsorgane (Spalte 2 in Tab. 6), müssten die Regierungsmitglieder einen individuellen Freiraum haben und persönliche Verantwortung übernehmen können. Wenn der Staat von den ungerechtfertigten Aufgaben und Monopolen befreit sein würde und nur noch für die reinen staatspolitischen und rechtlichen Fragen zuständig wäre, würde es auch keine Parteien, Parteiprogramme, Fraktionszwänge o.ä. mehr geben. Vielmehr würde sich auf allen Ebenen die Persönlichkeitswahl durchsetzen. Die fähigsten und geeignetsten Köpfe würden für die politischen Ämter (unabhängig von einer Parteizugehörigkeit) gewählt werden und nach demokratischer Beratung in ihren Gremien (Parlamenten, Ausschüssen, Gemeinderäten usw.) die dort gefassten Beschlüsse eigenverantwortlich realisieren. Wie ein System dieser Art funktionieren kann, zeigt die Schweiz, wo es zwar Parteien gibt, aber diese als solche kaum eine Bedeutung haben, entscheidend sind die Einzelpersönlichkeiten.

Bleibt als Drittes die **Staatsverwaltung**. Hier befinden wir uns in der Finanzierungsebene, in der wiederum mehr kooperatives als freiheitliches Verhalten gefordert ist. Wenn sich Wirtschaft und Kulturelles jeweils selbst verwalten, wären auch Haushaltsdebatten nicht mehr erforderlich. Die Organe der Staatsverwaltung hätten nur über die finanziellen Angelegenheiten der Legislative selbst zu beschließen. Da auch die Organe der Judikative und Exekutive ihre eigene Verwaltung erhielten, würde der eigentliche «Staatshaushalt» sehr bescheiden sein. Die Parlamente hätten jedoch die Aufgabe, die Finanzierungsprinzipien, nicht die Finanzierungshöhe, für die zwei anderen großen Funktionssysteme, Wirtschafts- und Geistesleben, festzulegen, was sich am einfachsten durch pauschale Zuteilungsquoten erreichen ließe. Die Bürger – vertreten durch ihre Parlamentarier – könnten z.B. fordern, dass die Polizeiorgane (wegen wachsender Kriminalität) verstärkt, die Militärbereiche dagegen verringert werden sollten. Dann würden Gesetze verabschiedet, die die entsprechenden Pauschalquoten aus dem Gesamtsozialprodukt der Gesellschaft neu festlegen würden. Die sich daraus ergebenden Summen würden dann von den Verwaltungsorganen der Judikative (Richterverbände usw.) bzw. Exekutive (Polizei, Militär usw.) in ihren (jetzt selbstständigen) Bereichen entsprechend den jeweiligen Erfordernissen verteilt. Dieses System wäre also genau umgekehrt organisiert wie das jetzige, bei dem die jeweiligen Funktionsbereiche ihre Forderungen anmelden, die Politiker endlos über die einzelnen Summen des Haushalts debattieren und der Staat dann versucht, durch Steuererhöhungen die (meist aus egoistischen Gruppeninteressen heraus) geforderten Beträge aus den Bürgern herauszupressen.

Bei dem hier dargestellten dreigegliederten System wird grundsätzlich von den von der Wirtschaft erzeugten (realen) Überschüssen, also vom **Vorhandenen** und nicht vom Geforderten ausgegangen. Die Verteilung der **verfügbaren** Summen wird jedoch den (jetzt selbstständig und unabhängig entscheidenden) Verwaltungsorganen der jeweiligen Bereiche selbst überlassen. Um unlösbare Streitereien zu vermeiden, hätte der Staat (sprich die Legislative) nur die Quoten gesetzlich festzulegen. Dies würde auch zu einer grundlegenden Steuerreform führen. R. Steiner hat vorgeschlagen (zit. nach D. Suhr[38]), anstelle von Einkommenssteuern lediglich Verbrauchssteuern einzuführen, da das eingenommene Geld für die Gesellschaft funktionell ohne Bedeutung und nur das ausgegebene Geld für den sozialen Organismus von Belang sei. Das würde natürlich die gesamte Steuerverwaltung wesentlich vereinfachen.

Tabelle 6. **Rechts- und Staatsleben** (dominierendes Prinzip = Gleichheit)
Struktur des Staatswesens in einer dreigliedrigen, freiheitlichen Gesellschaft

	1 Judikative	2 Legislative	3 Exekutive	
Leitungs-ebene	Richter, Staatsanwälte	Regierung	Polizeipräsidien, Generalitäten	Freiheit und Gleichheit
Beratungs-ebene	Gerichte	Gesetzgebung, Parlamente	Exekutivorgane, Polizeischulen, Militärakademien	Rechtsbereich Demokratieprinzip und Gleichheit
Finanzielle Ebene	Verwaltungs-organe	Staats-verwaltung	Ausführungs-organe	Kooperationsprinzip und Gleichheit

Judikative. Im Bereich der Gerichtsbarkeit (Spalte 1 in Tab. 6) müssten wiederum drei Funktionsbereiche unterschieden werden: 1. die Leitungsebene (Richter, Richterorganisationen, Staatsanwaltschaften usw.), bei der auch das Prinzip der Freiheit eine Rolle spielen müsste, 2. die mehr demokratische Ebene (Gerichte mit Schöffen, Anwälten usw.), in der durch das gegenseitige Miteinander ein «gerechtes» Urteil erarbeitet werden müsste, also das Gleichheitsprinzip vorherrschen sollte, und 3. die Verwaltungs- und Finanzierungsebene, in der z.B. auch Beschlüsse über Gehälter, Bußgelder, Unkosten usw. gefasst werden und damit ein kooperatives («brüderliches») Element mit ins Spiel kommen müsste. Rudolf Steiner[51] (ähnliche Gedanken finden sich schon bei Wilhelm von Humboldt, vgl. D. Spitta[68]) forderte im Bereich der Judikative u.a. die völlige Loslösung der richterlichen Tätigkeit vom Staat:

«Eine derjenigen Wirkungen, durch welche die Dreigliederung des sozialen Organismus ihre Begründung im Wesenhaften des menschlichen Gesellschaftslebens zu erweisen haben wird, ist die Loslösung der richterlichen Tätigkeit von den staatlichen Einrichtungen. Den Letzteren wird es obliegen, die Rechte festzulegen, welche zwischen Menschen oder Menschengruppen zu bestehen haben. Die Urteilsfindungen selbst aber liegen in Einrichtungen, die aus der geistigen Organisation heraus gebildet sind. Diese Urteilsfindung ist in hohem Maße abhängig von der Möglichkeit, dass der Richtende Sinn und Verständnis habe für die individuelle Lage eines zu Richtenden. Solcher Sinn und solches Verständnis werden nur vorhanden sein, wenn dieselben Vertrauensbande, durch welche die Menschen zu den Einrichtungen der geistigen Organisation sich hingezogen fühlen, auch maßgebend sind für die Einsetzung der Gerichte. Es ist möglich, dass die Verwaltung der geistigen Organisation die Richter aufstellt, die aus den verschiedensten geistigen Berufsklassen heraus genommen sein können und die auch nach Ablauf einer gewissen Zeit wieder in ihre eigenen Berufe zurückkehren. In gewissen Grenzen hat dann jeder Mensch die Möglichkeit, sich die Persönlichkeit unter den Aufgestellten für fünf oder zehn Jahre zu wählen, zu der er so viel Vertrauen hat, dass er in dieser Zeit, wenn es dazu kommt, von ihr die Entscheidung in einem privaten oder strafrechtlichen Fall entgegennehmen will. Im Umkreis des Wohnortes jedes Menschen werden dann immer so viele Richtende sein, dass diese Wahl eine Bedeutung haben wird. Ein Kläger hat sich dann stets an den für einen Angeklagten zuständigen Richter zu wenden. – Man bedenke, was eine solche Einrichtung in den österreichisch-ungarischen Gegenden für eine einschneidende Bedeutung gehabt hätte. In gemischtsprachigen Gegenden hätte der Angehörige einer jeden Nationalität sich einen Richter seines Volkes erwählen können. Wer die österreichischen Verhältnisse kennt, der kann auch wissen, wie viel zum Ausgleich im Leben der Nationalitäten eine solche Einrichtung hätte beitragen können. – Aber außer der Nationalität gibt es weite Lebensgebiete, für deren gesunde Entfaltung eine solche Einrichtung im gedeihlichen Sinne wirken kann. – Für die engere Gesetzeskenntnis werden den in der geschilderten Art bestellten Richtern und Gerichtshöfen Beamte zur Seite stehen, deren Wahl auch von der Verwaltung des geistigen Organismus zu vollziehen ist, die aber nicht selbst zu richten haben. Ebenso werden Appellationsgerichte aus dieser Verwaltung heraus zu bilden sein. Es wird im Wesen desjenigen Lebens liegen, das sich durch die Verwirklichung solcher Voraussetzungen abspielt, dass ein Richter den Lebensgewohnheiten und der Empfindungsart der zu Richtenden nahe stehen kann, dass er durch sein außerhalb des Richteramtes – dem er nur eine Zeitlang vorstehen wird – liegendes Leben mit den Lebenskreisen der zu Richtenden vertraut wird. Wie der gesunde soziale Organismus überall in seinen Einrichtungen das soziale Verständnis der an seinem Leben beteiligten Personen heranziehen wird, so auch bei der richterlichen Tätigkeit. Die Urteilsvollstreckung fällt dem Rechtsstaate zu.»

Diese Hinweise wurden nach dem 1. Weltkrieg gegeben. Man kann sie als Anregung auffassen, die heutigen Verhältnisse nochmals zu überdenken.

Im Bereich der Rechtswahrung (**Exekutive**) (Spalte 3 in Tab. 6), die heute besonders kontrovers diskutiert wird, existieren ebenfalls drei Ebenen, die Leitungsebene (Verteidigungsrat, Generalität, Polizeipräsidien usw.), die mittlere Ebene, in der die verschiedenen Exekutivorgane anzusiedeln sind (Militärakademien, Polizeiorgane, Militäreinheiten usw.), bei denen immer viele Menschen zusammenwirken müssen und die Ausbildung im Vordergrund steht, und schließlich eine untere Ebene, die einerseits mit der Finanzierung des gesamten Exekutivbereiches zu tun hat (Verwaltung und Abwicklung), wo zum anderen aber auch der Strafvollzug überwacht und organisiert wird, wobei wiederum etwas vom Kooperationsprinzip mit hineinkommen müsste.

Man kann sich heute einen solchen auf seine ureigentlichen Funktionen beschränkten Staat wahrscheinlich kaum vorstellen. Aber konsequentes Nachdenken zeigt sofort, wie sich in einem solchen Staatsorganismus einige gravierende Probleme der heutigen Gesellschaft sachgerecht lösen ließen, wenn man z.B. nur bei den geschilderten drei großen Funktionssystemen des sozialen Organimus jeweils eine unabhängige Selbstverwaltung einführen würde. Bei den Problemen, die heute in nahezu allen Regionen unserer Erde unlösbar erscheinen und nicht nur zur Quelle unsäglichen menschlichen Leides, sondern auch gewaltiger kriegerischer Auseinandersetzungen geworden sind, handelt es sich zum einen um das Nationalitätenproblem und zum anderen aber auch um Fragen, die mit dem Besitz von Grund und Boden zusammenhängen.

Als 1990 nach dem Zusammenbruch der Sowjetunion alle europäischen Staaten in Paris die «Charta von Paris» unterzeichneten, glaubte man, am Beginn einer neuen Weltordnung mit dauerhaftem Frieden und Wohlstand zu stehen. Feierlich wurde in dieser Charta beschworen: «Wir bekräftigen, dass die ethische, kulturelle, sprachliche und religiöse Identität nationaler Minderheiten Schutz genießen muss und dass Angehörige nationaler Minderheiten das Recht haben, diese Identität ohne jegliche Diskriminierung und in voller Gleichheit vor dem Gesetz frei zum Ausdruck zu bringen, zu wahren und weiterzuentwickeln.»

Wie anders sieht aber die Wirklichkeit aus! Die nationalen Konflikte sind geradezu zu einem Wesenszug unserer Zeit geworden. Mit unvorstellbarer Grausamkeit rotten sich ganze Volksstämme gegenseitig aus; man spricht von «ethnischer Säuberung» und versteht darunter die totale Ermordung und Ausrottung des anderen, ungeliebten Volkes.

Würde sich der Staat aber aus den Angelegenheiten von Wirtschaft und Geistesleben zurückziehen und diese (wie beschrieben) unabhängig und selbstständig wirken lassen, gäbe es keine Nationalitätenprobleme mehr, denn der Staat als Organisationsform des Rechtswesens brauchte sich ja nur auf die Menschengruppen gleichen Rechtsempfindens, gleicher Spra-

che und Lebensanschauungen zu beziehen. Anderssprachige und anders-
denkende Minderheiten könnten in einem freien Geistesleben ihre eigenen kulturellen Traditionen pflegen oder eine eigene Staatsgemeinschaft
gründen, die sich auf föderalistischer Ebene leicht mit anderen staatlichen
Gebilden zusammenschließen könnte. Da die Wirtschaft international
organisiert wäre und auch das Geistes- und Kulturleben inter- bzw. über-
nationale Organisationsformen hätte, würden die Hauptgründe kriegerischer Auseinandersetzungen, nämlich der wirtschaftliche Machtkampf
und die gegenseitige Missgunst aufgrund nationaler Verschiedenheiten,
entfallen.

Ein anderes, unsere Gesellschaft stark belastendes Problem ist das des
Privateigentums an Grund und Boden. Grund und Boden ist natur-
gegeben und nicht vermehrbar, daher auch kein Wirtschaftsgut, d.h.
keine Ware. Grund und Boden kann daher niemals Privateigentum sein.
Der Mensch kann den Boden nutzen und bearbeiten – als Privateigentum dürfte er ihn aber nicht besitzen. Dies ist ein Erbübel unserer Gesellschaft, das nicht nur Ursache von Grundstücksspekulationen, sondern
sehr oft auch zur Ursache kriegerischer Auseinandersetzungen geworden
ist.

Wenn Grund und Boden aber nicht gekauft und verkauft werden
kann, wer vergibt dann die Nutzungsrechte? Hier liegt eine vernachläs-
sigte Aufgabe des Staates vor, dem die Verwaltung des Bodens eigentlich zusteht – denn es handelt sich hier nicht um Besitzfragen, sondern
um Rechtsfragen. So könnten etwa die Gemeinden ihren Boden, entsprechend demokratisch gefasster Beschlüsse hinsichtlich einer umwelt-
konformen und die Lebensqualität anderer Bürger berücksichtigenden
Nutzung z.B. Erbbaurechte vergeben oder zeitlich befristete und mit
definierten Auflagen versehene Verträge abschließen, entsprechend ge-
samtstaatlicher Grundsätze. Die Gemeinden, denen es ja immer an Geld
fehlt, hätten eine dauerhafte Einnahmequelle und Spekulationen, Betrü-
gereien u.ä. wäre im wahrsten Sinne des Wortes der «Boden entzogen»
– ein weiterer Grundstein für einen dauerhaften Frieden, denn Frieden
ist in erster Linie ein Raumproblem.

Die vorgeschlagenen Lösungen könnten natürlich zur Kleinstaaterei
führen, was als ein Rückfall in den Feudalismus gedeutet werden könnte.

Aber durch die Überstaatlichkeit der beiden anderen großen Systeme (Kultursystem und Wirtschaft) ergibt sich zwangsläufig die Notwendigkeit, auch auf der rechtlichen Ebene überstaatliche, föderative Systeme zu entwickeln. In der Tat tendiert die moderne Gesellschaft mehr und mehr zur Entwicklung von großen, viele Länder umfassenden Föderationen mit eigenen internationalen Rechtssystemen (EU, UNO usw.). Es ist durchaus vorstellbar, dass sich solche überstaatlichen Systeme in gesunder Weise weiterentwickeln würden, wenn die funktionelle Dreigliedrigkeit der Gesellschaft mit ihren unterschiedlichen Funktionsprinzipien erst einmal als richtig erkannt und – wenn auch zunächst nur in kleineren Bereichen – realisiert worden wäre (vgl. u.a. Lex Bos[28]). Die ausstrahlende («befreiende») Wirkung solcher Reformen auf Völkerrecht, Nationalstaaten anderer Prägung und föderative Zusammenschlüsse würde sicher nicht ausbleiben.

12. Was kann man tun?

Die geschilderte funktionsgerechte Gliederung der Gesellschaft in drei weitgehend unabhängige, sich selbst verwaltende Bereiche mit jeweils eigenen Prinzipien (Tab. 7) ist – wird man sagen – letztlich nur eine Illusion, ein schöner Traum, der nie Wirklichkeit werden wird. Dafür sind die Menschen noch nicht reif, noch nicht «idealistisch» genug – wird man sagen. Und selbst wenn die Menschen so etwas wollten, was könnten sie schon – was könnte der «kleine Mann auf der Straße» – gegen die übermächtige Staatsmaschinerie oder die Macht der Großindustrie ausrichten?! Müssten sich nicht erst die Menschen ändern, bevor sich die Gesellschaft ändert? In der Tat hatten diabolische Diktatoren (Lenin, Hitler, Stalin) durchaus richtig erkannt, dass sich langfristig ein Gesellschaftssystem nicht umstrukturieren lässt, wenn nicht auch die Denkweise der Menschen eine andere wird – daher die Propaganda, daher die «Umschulung», daher die ununterbrochene Beeinflussung des Denkens, die jahrzehntelang in diesen Diktaturen praktiziert worden ist.

Aber hat die Geschichte nicht auch immer wieder gezeigt, dass die Vergewaltigung des Denkens letztlich doch nichts ausrichten konnte, dass die Diktaturen zusammengebrochen sind und sich dann die unter der Schwelle des Bewusstseins liegenden, wirklich zeitgemäßen Strömungen in der Entwicklung der Menschheit doch durchgesetzt haben? Und haben nicht erst kürzlich die Ostdeutschen gezeigt, dass es durchaus mit friedlichen Mitteln möglich ist, eine Gesellschaftsform zu verändern, obwohl Jahrzehnte hindurch gewaltsam versucht worden ist, das Denken in eine Richtung zu bringen, die das Gegenteil dessen war, was zeitgemäß richtig gewesen wäre? Sicher wären in Ostdeutschland die Dinge anders verlaufen, wenn die Menschen dort nach der «Wende» wirklichkeitsgemäßere Ideen gehabt oder bekommen hätten, d.h. wenn sie gewusst hätten, wie man es hätte machen müssen, um eine funktionsgerechte, gegliederte soziale Ordnung aufzubauen. Aber hier herrschte ja – übrigens in gleicher Weise im Osten wie im Westen – völlige Ratlosigkeit! Noch heute sind in unserer Gesellschaft die Ratlosigkeit und die Politikverdrossenheit das Bestimmende, wie Gräfin Dönhoff einmal in der Wochenschrift DIE ZEIT treffend dargelegt hat (vgl. M. Dönhoff[60]). Man ist ratlos, wie man der Arbeitslosigkeit Herr werden soll, man ist ratlos, wie man den Geldwertverfall aufhalten soll, man ist ratlos, wie man die steigende Kriminalität bewältigen soll usw. – dies sind nur einige Beispiele, die sich beliebig vermehren ließen. Wenn es nicht gelingt, die richtigen Prinzipien in den richtigen Funktionsbereichen zur Anwendung zu bringen, werden die Unruhen oder Katastrophen nicht aufhören. Also nochmals, was kann man tun?

Tabelle 7. **Funktionelle Dreigliederung** der großen Systeme der menschlichen Gesellschaft in Bezug zu den drei elementaren Prinzipien Freiheit, Gleichheit, Brüderlichkeit.

Prinzipien	Kultur- und Geistesleben	Rechts- und Staatsleben	Wirtschaftsleben
Freiheit, Wettbewerb	Forschung, Kulturschaffen	Rechtsprechung (Judikative)	Konsumtion
Gleichheit, Demokratie	Kunst, Erziehung, Lehre	Gesetzgebung (Legislative)	Markt, Handel
Kooperation «brüderliches Miteinander»	Innovation, angewandte Forschung, Religion	Rechtswahrung, Verteidigung (Exekutive)	Produktion, Investition

Das Erste, was wir erreichen müssten, wäre – und damit wäre schon viel gewonnen –, die Zusammenhänge richtig zu durchschauen. Man müsste sich üben, die Prinzipien, die in den verschiedenen Lebensbereichen anzuwenden sind, richtig zu beurteilen. Es hilft schon sehr viel weiter, wenn man überhaupt erst einmal sehen gelernt hat, wie die Dinge eigentlich sein müssten und was in einem bestimmten Bereich richtig oder falsch ist. Der Grund, warum das Konkurrenzprinzip aus der Wirtschaft nicht verschwindet, obwohl jeder sieht, wie zerstörerisch es wirkt, liegt doch in erster Linie darin, dass jeder glaubt, dieses Prinzip sei innerhalb der Wirtschaft förderlich, ja sogar notwendig. Ähnliches gilt für die heute gängigen Vorstellungen von der «freien Marktwirtschaft», vom Prinzip «Angebot und Nachfrage» oder von der Nützlichkeit der Parteien, um nur einiges zu nennen.

Der erste Schritt in eine bessere Zukunft ist das Umdenken, wobei allein schon das gedankliche Richtigstellen der kursierenden Ansichten und der gängigen Beurteilungen in der Bewertung der Zeitereignisse viel bedeuten könnte (vgl. hier bes. G. Moewes[58], R. Baader[62,63], H. Creutz[69]). Jeder Wissenschaftler weiß, dass die richtige Fragestellung ausschlaggebend für die Lösung eines Problems ist.

Hat man die richtigen Vorstellungen entwickelt, ergeben sich oft bald auch Möglichkeiten, die Verhältnisse zu verändern, und sei es vielleicht zunächst nur in kleinen Schritten und in kleinen Bereichen. Die Pessimisten werden zwar immer betonen, dass man ja doch nichts machen könne. Die Optimisten werden sagen, es sei ja alles gar nicht so schlimm, wie die Schwarzseher immer behaupten. Das wird sich alles schon auswachsen und dann in die richtigen Bahnen kommen. Aber beide Standpunkte sind im Grunde unfruchtbar und führen nicht weiter, da sie dazu verleiten, die Hände in den Schoß zu legen und abzuwarten, statt wirklich etwas zu tun. Und etwas zu tun, ist heute, wenn man den Geist der Zeit richtig erfasst bzw. «erfühlt» hat, durchaus schon möglich. Man braucht nur Mut und muss sich vor allem erst einmal zu den richtigen Ansichten durchringen. Dann gelingt es auch, mit dem Problem der Macht fertig zu werden.

Woher kommt es eigentlich, dass der Bürger so machtlos ist oder sich z.B. dem Staat oder den Kapitaleignern gegenüber so ohnmächtig fühlt? Wie entsteht **Macht**, und wie kann Macht gebrochen werden?

Wir haben gesehen, dass es innerhalb des sozialen Organismus drei elementare Funktionsbereiche gibt: 1. das Kultur- und Geistesleben; 2. das Rechts- und Staatsleben und 3. die Wirtschaft. In allen drei Bereichen entsteht Macht auf verschiedene Weise.

Innerhalb des **Kultur- und Wissenschaftsbereiches** entsteht Macht durch Geheimhaltung von Wissen, meist verbunden mit der Verbreitung von Un- oder Halbwahrheiten (Propaganda, Reklame, Demagogie). Rückhaltlose Offenlegung der Wahrheit, ohne interessenbezogene oder tendenziöse Verzerrungen, Erforschung der wahren Zusammenhänge auf den verschiedenen Gebieten zerstört die Machtmöglichkeiten und befreit die Betroffenen. Wie sehr unser Nachrichten- und Mediensystem zu einem Machtinstrument geworden ist und welche Wege es gibt, sich dagegen zur Wehr zu setzen, hat kürzlich auch H. Buddemeier[2] gezeigt (vgl. u.a. auch W. Schäfer[52], H.G. Schweppenhäuser[53], G. Moewes[58], F. Groll[59]).

Im **politischen Bereich** entsteht Macht dadurch, dass dem Staat Aufgaben zuerkannt werden, die ihm nicht zustehen, und dass Majoritäten, die lediglich Gruppeninteressen vertreten, zum bestimmenden Faktor werden. Es ist ein weitverbreiteter Irrtum, dass Demonstrationen auf der Straße die politische Machtentfaltung behindern oder gar verhindern könnten. Das Gegenteil ist der Fall! Die Demonstrierenden richten nämlich an die Vertreter des Staates letztlich nur die Aufforderung, eine neue Aufgabe zu übernehmen und Entscheidungen zu treffen, womit das Machtpotenzial wiederum vergrößert, aber nicht verkleinert wird. Wir sollten die Probleme selbst in die Hand nehmen und damit den Staat entlasten. Jede Aufgabe, die man dem Staat abnimmt, verringert seine Kompetenzen und damit seine Macht. Man betrachte beispielsweise das Schul- und Universitätswesen. Die Geschichte dieser Institutionen, wie sie von Konrad Schily[46] in treffender Weise charakterisiert worden ist, lehrt in erschreckender Weise, wie der Einfluss des Staates im Laufe der letzten Jahrhunderte immer größer geworden ist und letztlich nur zu einem Chaos an Erziehungs- und Verwaltungsmaßnahmen geführt hat. Warum gründet man nicht freie Schulen und freie Universitäten, in denen nicht die politischen Vorgaben, sondern menschengerechte pädagogische Prinzipien und vor allem das Prinzip der Freiheit zur Anwendung kommen? Da im Grundgesetz «Freiheit von Forschung und Lehre» garantiert ist, ist die Gründung freier Schulen und freier Universitäten bzw. Ausbildungsstätten auch heute schon möglich, was die Gründungsgeschichte der Universität Witten-Herdecke beweist (K. Schily[46]). Würden sich solche Institutionen dann zu frei gewählten und gesetzlich geregelten Verwaltungseinheiten zusammenschließen, wäre bereits ein kleiner Grundstein für ein freies, vom Staate unabhängiges Geistesleben gelegt. Ansätze dazu sind heute schon in gewissem Umfange vorhanden, sie müssten nur ausgebaut und stärker übergreifend organisiert werden.

Freiheit im Kultur- und Bildungswesen soll aber nicht heißen, dass der Staat mit den Kultur- oder Bildungseinrichtungen nichts mehr zu tun haben sollte. Aufgabe des Staates wäre es vielmehr, die rechtlichen Dinge zu regeln und den Rahmen abzustecken, in dem sich diese Freiheiten bewegen dürfen. Niemals dürfte der Staat jedoch Macht ausüben, um z.B. die Inhalte des Erziehungswesens bzw. die Ausbildungsformen als solche zu bestimmen. Dann kämen wieder die Zick-Zack-Kurse heraus, die wir im Schul- und Universitätssystem der letzten Jahrzehnte vielfach erlebt haben. Wenn die Bürger nur Mut hätten, könnten sie gerade auf diesem Sektor auch heute schon viel erreichen. Gibt es nicht an manchen Orten schon sog. «Gemeinnützige Vereine», die ein beachtliches kulturelles Angebot (Konzert-, Theater-, Aus- und Fortbildungsprogramme usw.) erstellen, ohne jede Einflussnahme oder Verwaltung durch staatliche Stellen? Hier könnte noch viel mehr geschehen, um dem Staat sein durch nichts gerechtfertigtes Bildungsmonopol zu nehmen. Wichtig wäre – wie gesagt – besonders, dass sich solche freien Institutionen zu übergeordneten, selbst gebildeten Verwaltungseinheiten zusammenschließen würden, um sich gegenüber dem Staat behaupten und die freiheitliche Ordnung wirkungsvoll verteidigen zu können.

Immer mehr beginnt man – auch in der Öffentlichkeit – einzusehen, dass der Staat ein schlechter Verwalter kultureller Einrichtungen ist. Dasselbe gilt übrigens auch für die Wirtschaft.

Wie das Kultur- und Geistesleben sollte auch die **Wirtschaft** vom Staat unbeeinflusst bleiben und sich selbst verwalten können, wenn der soziale Organismus gesunden soll. «Wenn es zutrifft, dass weltweit nur ein Drittel aller Arbeitnehmer in privaten Unternehmen arbeiten, dieses Drittel aber 78% des Bruttosozialproduktes erwirtschaftet, stimmt etwas an den Strukturen nicht», schrieb kürzlich eine Tageszeitung unter Bezugnahme auf eine Enquete des Bundeswirtschaftsministeriums. Die großen, früher staatlich verwalteten Wirtschaftsunternehmen wie Bahn und Post hatten riesige Defizite «erwirtschaftet», sodass man die Privatisierung dieser Unternehmungen durchgeführt hat. Aber solange solche Maßnahmen nur zu Machtkonzentrationen in den Händen von Kapitaleignern führen, ist für eine freiheitliche, funktionell gegliederte Gesellschaft wenig gewonnen. Wie oben dargestellt, ist der Privatbesitz von Betrieben oder Unternehmen von der Sache her durch nichts gerechtfertigt. Wenn sich aber das Wirtschaftssystem gegenüber dem Staat verselbstständigen würde und tatsächlich «unegoistische», übergeordnete Verwaltungseinheiten entstehen würden, die die wirtschaftliche Führung, unabhängig von politischen oder monetären Einflüssen, nach rein sachlichen Kriterien (Bedürfnisbefriedigung statt Konkurrenz) übernähmen, wäre ein gewaltiger Fortschritt erzielt. Aber wahrscheinlich fehlen hierfür noch die rechte Denkweise und der nötige Mut.

Dennoch wäre es schon heute möglich – wenn auch wahrscheinlich zunächst nur in kleineren Zusammenhängen – Wirtschaftsunternehmen zu gründen, in denen der Machtfaktor ausgeschaltet wäre. **Macht im Wirtschaftsbereich** entsteht ja vor allem durch Anhäufung privaten Kapitals, das sich durch Zins und Zinseszins vermehrt, ohne dass eine Eigenleistung dafür erbracht wird (vgl. G. Moewes[58], F. Groll[59], B.A. Lietaer[10], R. Baader[62,63] u.a.). Wie man der Börsenspekulation und dem Kapitalmissbrauch im Bereich des Bankwesens begegnen könnte, hat u.a. Dieter Suhr[38] überzeugend dargelegt (s.a. St. Leber, Bd. 3[12], M. Kennedy[37], F. Wilken[39], H. Benjes[41], H.G. Schweppenhäuser[53]). Hier soll zunächst nur von den Unternehmungen selbst die Rede sein. Wenn z.B. aktive Unternehmerpersönlichkeiten Firmen gründen würden, in denen alle Mitarbeiter an Gewinn und Verlust beteiligt sind und bereit wären, das Ganze (auch durch «schlechte Zeiten» hindurch) geistig und substanziell mitzutragen, oder wenn Firmenbesitzer auf diesen «Privatbesitz» verzichten würden und bereit wären, ihre Unternehmungen in einen größeren, unabhängigen und selbst verwalteten Verband einzubringen (entsprechende rechtliche Möglichkeiten sind heute schon vorhanden), wäre bereits ein Anfang für ein selbst verwaltetes, politisch unabhängiges, eigenen Prinzipien folgendes Wirtschaftssystem gemacht. Da es hierbei um Geld, vielfach sogar um sehr viel Geld geht, ist dieser Anfang besonders schwer. Aber man wird sicher Begeisterung wecken, wenn man erst einmal die richtigen Formen gefunden hat. Wenn dann – vielleicht zunächst im Kleinen – ein Anfang gemacht ist, wird das System sicher bald Schule machen und Nachahmer finden.

In der Tat gibt es heute schon einige Firmen, bei denen über einen Gesellschaftervertrag das Privatkapital in «Sozialkapital» überführt worden ist, z.B. sind die Mitarbeiter der 1953 gegründeten Heilmittel- und Kosmetikfirma WALA mit heute rund 260 Mitarbeitern am Gewinn der Firma beteiligt. Allerdings bleibt der Gewinn zunächst als Kapitalgrundlage im Unternehmen, wird aber beim Ausscheiden des Mitarbeiters ausbezahlt (vgl. K. Kossmann[49]). Bemerkenswert an diesem Beispiel ist auch, dass das heutige Gesellschaftsrecht durchaus die Möglichkeit schafft, eine Neutralisierung des Produktionseigentums vorzunehmen, z.B. durch Umwandlung in eine Stiftung, wie das nicht nur bei der WALA, Eckwälden-Bad Boll, sondern auch bei der Mahle GmbH, Stuttgart und der Fa. Voith, Heidenheim, vollzogen worden ist (Einzelheiten s. St. Leber, Bd. 5[12], vgl. a. G. Strickrodt[54]). Allerdings beobachtet man gegenwärtig mehr gegensätzliche Tendenzen, d.h. Firmenzusammenschlüsse in immer größeren Dimensionen, was dann auch zu Kapital- und Machtkonzentrationen führt. Dadurch ergibt sich auf vielen Gebieten eine Monopolisierung, wie sie in diesem Ausmaß noch nie in der Menschheitsgeschichte vorhanden gewesen ist.

Auch daran lässt sich wieder ablesen, dass das Konkurrenzprinzip im Produktionsbereich der Wirtschaft eigentlich falsch ist. Firmenkonzentrationen haben heute in erster Linie den Sinn, Konkurrenzbetriebe, d.h. finanzielle Risiken, auszuschalten und wirtschaftliche Macht aufzubauen. Ein kooperatives Zusammenwirken im wirtschaftlichen Bereich ließe sich aber durchaus heute schon, wenn auch zunächst nur inselartig in kleineren Bereichen, erreichen. Hierbei müssten allerdings die Konsumenten mitwirken, wie das oben am Beispiel der biologischen Bauernhöfe, die einen festen Abnehmerkreis mit individuellen Absprachen haben, geschildert worden ist. Vielfach haben sich solche Höfe auch mit anderen zusammengeschlossen, sodass sogar übergeordnete Kooperationen und gegenseitige Hilfeleistungen möglich sind. Ähnliches gibt es auch schon in anderen Bereichen der Wirtschaft.

Da die Großunternehmen, die vielfach schon globale Mammutdimensionen angenommen haben, als Exzessivbildungen langfristig sicher nicht überlebensfähig sind, könnten uns nur die kleineren Unternehmungen, die sich bereits auf die neuen Prinzipien (Kooperation, Staatsunabhängigkeit, «Brüderlichkeit» und Uneigennützigkeit) umgestellt haben, retten. Es käme damit – wenn auch in ganz unreligiöser Form – eine neue Moralität in die Wirtschaft. Man wende nicht ein, dass es das noch nie gegeben habe und dass dies im Grunde ganz illusorisch sei. Im Mittelalter hat der **Templerorden** tatsächlich durch zwei Jahrhunderte hindurch (1120 – 1314) in unegoistischer Weise gewirtschaftet und in Europa eine wirtschaftliche Blüte ungeahnten Ausmaßes hervorgebracht, von der die großen gotischen Kathedralen noch heute ein beredtes Zeugnis ablegen. Da wurden Wechsel ausgestellt, Zinsen und Gebühren erhoben, da wurden Güter ge- und verkauft, aber nie behielten die Tempelritter etwas von den Gewinnen für sich «privat» oder ließen es den eigenen Familien zugute kommen. Im Gegenteil, die Rittermönche veranstalteten regelmäßige Speisungen für die Armen, legten Vorräte für schlechte Zeiten an, schützten die Kaufleute vor Überfällen, «subventionierten» öffentliche Bauten und Kirchen, mit anderen Worten, sie ließen ihre «Gewinne» in den Kultur- und Sozialbereich fließen und verzichteten darauf, sich persönlich zu bereichern. Dass allerdings zum Schluss doch Machtprobleme und menschliche Schwächen aufgetreten sind, soll nicht verschwiegen werden. Die Vernichtung des Templerordens bleibt dennoch der größte Justizmord des Mittelalters (vgl. A. Beck[55], H. Sippel[56], A. Demurger[57]).

Uns fehlt heute die religiöse Überzeugung, ein solches Experiment in gleicher Form zu wiederholen. Aber man sage nicht, dass es prinzipiell nicht möglich sei, in der Wirtschaft ohne das Prinzip des «Selbstinteresses» (nach Adam Smith[23]) und des egoistischen Gewinnstrebens auszukommen. Wie es im Geistesleben immer Wissenschaftler geben wird, die rein um der Forschung willen arbeiten, gibt es auch im

Wirtschaftsleben immer Persönlichkeiten, die aus der Begeisterung für das Wirtschaften selbst und nicht nur, um sich persönlich zu bereichern, tätig werden, d.h. aus einer Motivation heraus arbeiten, die primär von den objektiven Zusammenhängen und nicht von dem abstrakten «Erzielen maximaler Gewinne» – gleichgültig, womit und wodurch – ausgeht.

Hier müsste aber noch etwas grundsätzlich Neues hinzukommen, nämlich die Mitarbeit der Konsumenten. Die Verbraucher haben die wirtschaftliche Bedeutung (Macht?), die sie heutzutage haben, bei weitem noch nicht in vollem Umfang erkannt. Was wären die Großunternehmer ohne die Konsumenten? Immer neue Märkte, d.h. Konsumentenpopulationen werden von der Wirtschaft gesucht. Würden sich die Konsumenten mehr zusammenschließen, könnten sie die Wirtschaft maßgeblich beeinflussen. Das beginnt schon mit der Information. Lassen wir uns nicht täglich von Reklamen beeinflussen und kaufen die angebotene Massenware, obwohl die Werbung in der Regel über den Wert der Ware, ihre Eigenschaften und Qualitäten oft nur wenig Kompetentes ausgesagt hat? Würden die Verbraucher (schon durch einfachste Mitteilungen oder Schriften ist das möglich) objektiv über die auf dem Markt befindlichen oder neu angebotenen Waren berichten, evtl. sogar wissenschaftliche Untersuchungen finanzieren, um die Un- oder Halbwahrheiten der jeweiligen Angebote zu verifizieren, dann würde sich das Klima in der Wirtschaft schlagartig ändern. Stattdessen nehmen die suggestiven Methoden in der Werbung (Fernsehberieselung, subliminale Kassetten usw.) ständig zu. Die Verbraucher könnten sich auch zu Interessengemeinschaften zusammenschließen und beispielsweise mit bestimmten Herstellern Abnahmeverpflichtungen eingehen, woraus diese wieder wirtschaftliche Sicherheit gewinnen würden. Wenn sich dann schließlich ein entsprechendes Vertrauensverhältnis entwickelt hätte, wären sogar gegenseitige Hilfeleistungen (Vorauszahlungen, zinslose Kredite u.a.) denkbar.

Einen entscheidenden Umbruch würde allerdings erst die Etablierung der oben erwähnten **Assoziationen** ergeben (Wirtschaftsräte, ökonomische Gremien oder wie immer man sie nennen will), in denen Vertreter von Konsumenten, Produzenten, Geldgebern u.a. weisungsbefugt zusammengeschlossen sind. Hier könnte sich der eigentliche Wettbewerb, der «Konkurrenzkampf» um das beste, aber auch sinnvollste und notwendigste Produkt abspielen und letztlich der «gerechte» Preis festgesetzt werden. Natürlich würden sich in den Assoziationen Machtkämpfe und Interessenkonflikte abspielen. Aber sie würden nicht «auf dem freien Feld» des Marktes stattfinden und keine Konkurse, keine Armut und Arbeitslosigkeit erzeugen. Letztlich würden sich die Vertreter der verschiedenen Gruppen – durch Vernunft und sachliche Argumente überzeugt – einigen und damit heilend in das Wirtschaftsgeschehen einwirken.

Es ist durchaus denkbar, dass Assoziationen dieser Art auch heute schon in kleineren Bereichen des Wirtschaftssystems gebildet werden könnten, wenn man erst einmal ihre zentrale Bedeutung erkannt hätte.

Alles bisher Geschilderte wären zwar nur kleine Schritte, aber durchaus solche, mit denen der kleine David schließlich doch den mächtigen Goliath besiegen könnte. Voraussetzung wäre allerdings – und das kann nicht oft genug betont werden –, dass wir zunächst gründlich umdenken und begreifen lernen, dass eine freiheitliche, gesunde Ordnung in unserer Gesellschaft nur zu erreichen ist, wenn wir die richtigen Prinzipien in den richtigen Bereichen zur Wirksamkeit kommen lassen, nämlich Freiheit im kulturellen, Gleichheit im staatlich-rechtlichen und kooperative «Brüderlichkeit» im wirtschaftlichen Bereich (Tab. 7). Die Struktur des menschlichen Organismus, der nur in gesunder Weise leben und arbeiten kann, wenn seine drei großen Funktionssysteme nach verschiedenen Prinzipien zwar unabhängig voneinander arbeiten, aber dennoch zu einer Ganzheit zusammengeschlossen sind, kann uns entscheidende Anregungen geben, auch die funktionelle Gliederung des sozialen Organismus verstehen und gestalten zu lernen.

13. Zusammenfassung

Es gibt zahlreiche Hinweise darauf, dass die gesellschaftlichen Probleme heute eine Dimension erreicht haben, die von den Menschen nicht mehr bewältigt werden kann und vielfach Ratlosigkeit oder sinnlosen Aktionismus hervorruft. Ein Kernpunkt dieser Problematik liegt darin, dass in den verschiedenen Bereichen der Gesellschaft nicht die richtigen Prinzipien zur Anwendung kommen. Der menschliche Organismus kann als ein Beispiel dafür herangezogen werden, wie die verschiedenen Funktionsbereiche in gesunder Weise zusammenarbeiten können, wenn nur die richtigen Funktionsprinzipien zur Wirkung kommen. Krankheitsprozesse geben uns oft sehr präzise Hinweise auf falsche Funktionsprozesse oder normale Prozesse an falscher Stelle.

Wir glauben daher, dass durch den Vergleich der funktionellen Systeme des menschlichen Organismus mit denjenigen des sozialen Organismus viel für ein Verständnis der gegenwärtigen gesellschaftlichen Probleme sowie auch eine Anregung für die Lösung dieser Probleme gewonnen werden könnte.

Der menschliche Organismus zeigt eine dreigliedrige Struktur. Für die großen elementaren Funktionen (Informationswechsel, Stoffwechsel, rhythmische Transport- und Verteilungsprozesse) bildet sich jeweils ein zentrales Funktionssystem aus, in dem dann auch ein je anderes Funktionsprinzip vorherrscht. Das Nervensystem hat sich auf den Informationswechsel (nach innen und außen), das Stoffwechselsystem (Darmkanal, Organe usw.) auf Ernährung, Stoffaustausch und Regeneration, das Kreislaufsystem auf die rhythmischen Transport- und Verteilungsprozesse spezialisiert.

Im sozialen Organismus können – und das macht den Vergleich mit dem menschlichen Organismus so fruchtbar – ebenfalls drei große Funktionssysteme unterschieden werden, nämlich 1. das Kultur- und Geistesleben, 2. das Rechts- und Staatsleben und 3. die Wirtschaft. Die entscheidende, zuerst in der Französischen Revolution (1789) aufgetauchte, aber nicht verwirklichte, später aber von Rudolf Steiner[16,17] präzisierte Idee war, dass diese drei großen Funktionssysteme nach verschiedenen Prinzipien arbeiten sollten, um einen gesunden, funktionsfähigen sozialen Organismus hervorzubringen; d. h. Freiheit im Kultur- und Wissenschaftsbereich, Gleichheit im Rechts- und Staatsleben und «Brüderlichkeit» (Kooperation, Zusammenarbeit) im Wirtschaftsleben. Steiner[21,22] hat dann Ende des 1. Weltkrieges darüber hinaus auch eine Selbstverwaltung dieser drei Funktionssysteme gefordert und damit die sog. «Dreigliederungsbewegung» initiiert. Wenn in den drei Systemen nicht nur die jeweils zugehörigen («richtigen») Funktionsprinzipien zur Anwendung kämen, sondern auch die Systeme sich selbst nach diesen Prinzipien (unabhängig vom Staat oder von mächtigen, egoistischen Interessengruppen) verwalten könnten, würden sich die heutigen Gesellschaftsprobleme lösen lassen und die Menschheit einer fortschrittlichen Zukunft entgegengehen. Das sind die Kernpunkte der Idee der sog. «**Dreigliederung des sozialen Organismus**».

Natürlich sollte dadurch der soziale Organismus nicht in drei große Gruppen auseinander fallen. Die gesetzgebenden Funktionen des Rechts- und Staatssystems würden – ähnlich wie im menschlichen Organismus das Herz-Kreislaufsystem – das Ganze zusammenhalten und funktionsfähig machen. Nur würde der Staat in einem dreigliedrigen Organismus nicht mehr die Funktionen selbst übernehmen, sondern lediglich die rechtlichen Grundlagen dafür schaffen.

Um zu detaillierteren Vorstellungen zu kommen, darf man die Arbeitsweise der drei elementaren Funktionssysteme des menschlichen und sozialen Organismus nicht nur im Allgemeinen miteinander vergleichen, sondern muss mehr ins Detail gehen. Das ist bisher im Einzelnen noch nicht versucht worden, ist aber außerordentlich fruchtbar, wie die im vorliegenden Buch beschriebenen Ergebnisse zeigen. Die überraschende, gleich zu Anfang gemachte Entdeckung ist, dass jedes der drei großen Funktionssysteme, und zwar sowohl im menschlichen wie im sozialen Organismus, in sich wiederum dreigeteilt ist, d.h. dass wir also insgesamt von einer **Neungliederung** ausgehen müssen. Erst dadurch ist es möglich geworden, die Funktionsabläufe in Mensch und Gesellschaft sachgerecht und überzeugend miteinander zu vergleichen.

Es ist naheliegend, das Stoffwechselsystem des Menschen mit dem Wirtschaftssystem zu vergleichen. Aber eine genauere Analyse zeigt, dass man dabei nur zu oberflächlichen Analogieschlüssen kommt, die letztlich unfruchtbar sind und nicht weiterführen. Das «Ernährungssystem» der Wirtschaft ist das System des Kultur- und Geisteslebens. In Wissenschaft und Forschung entstehen die neuen Ideen, die in der Wirtschaft zur Anwendung kommen und das Wirtschaftssystem zum Wachstum bringen, ähnlich wie das Stoffwechselsystem für Entwicklung und Wachstum des Menschen sorgt.

Das **Wirtschaftssystem** ist funktionell nun wiederum dreigegliedert. Konsum, Handel und Produktion bilden jeweils eine Funktionsgruppe, in der unterschiedliche Prinzipien vorherrschend sind. Um zu sachgerechten Begriffen zu kommen, muss man das Wirtschaftssystem insgesamt mit dem menschlichen Nervensystem vergleichen. Auch das Nervensystem ist dreigegliedert (vgl. J. W. Rohen[15]). Funktionell muss man einen oberen, mittleren und unteren Bereich unterscheiden. Der obere Bereich umfasst das zentrale Nervensystem mit den großen Sinnesorganen (Kopfbereich), der untere das autonome Nervensystem innerhalb der Körperhöhlen und dazwischen im mittleren Bereich befindet sich das rhythmisch gegliederte System der Rückenmarksnerven (Spinalnerven) mit ihren Verbindungen zur Brustmuskulatur (Atmungsprozesse) und zu den Gliedmaßen (Bewegungssystem).

Im autonomen Nervensystem laufen ganz ähnliche Prozesse ab wie im Produktionsbereich der Wirtschaft. Entscheidend ist hier nämlich der Informationsaustausch, der die Stoffwechselprozesse koordiniert und harmonisiert. Funktionell dominiert das Miteinander. Im Grunde ist in der Wirtschaft, soweit es die Produktionsprozesse betrifft, das kooperative Miteinander das bestimmende Element, nicht die Konkurrenz. Dabei spielt der Informationsaustausch, das präzise Aufeinander-Abgestimmtsein der einzelnen Produktionsprozesse, d.h. die zeitliche Ordnung der Abläufe im Einzelnen, eine entscheidende Rolle. Die Ideen («der Stoff») kommen aus dem Geistesleben, die Produktion selbst hängt aber letztlich – wie beim autonomen Nervensystem – von der informativen Vernetzung der unendlich vielen kleineren oder größeren Produktionsschritte ab, und zwar nicht nur innerhalb eines Betriebes, sondern auch zwischen den verschiedenen Produktionsstätten, d.h. von dem kooperativen Miteinander («Brüderlichkeit»).

Demgegenüber ist der Konsum mehr von der Wahrnehmung bzw. dem Erleben der Bedürfnisse abhängig. Hier sollte das Prinzip der Freiheit mit eine Rolle spielen. Im menschlichen Organismus ermöglicht das zentrale Nervensystem die Orientierung in der Umwelt sowie individuell auch die Wahrnehmung der Bedürfnisse und das bewusste Miteinander der Menschen in den Lebenszusammenhängen. Durch den Konsum kommt in die Wirtschaft so etwas wie eine spezifische Wahrnehmung der Bedürfnisse hinein, was sich z.B. auch in Trends oder Moden ausdrückt.

Der mittlere Funktionsbereich des Wirtschaftssystems ist der Markt. Hier treffen der obere und untere Bereich, d.h. Konsum und Produktion aufeinander. Hier dürfte prinzipiell keine (unbeschränkte) Freiheit herrschen. So wie im menschlichen Organismus bei den Reflexsystemen die wahrnehmenden und die motorischen Nerven harmonisch aufeinander abgestimmt sind, um eine Bewegung zu ermöglichen, müssten in der Wirtschaft Produktion und Konsumtion auch präzise aufeinander bezogen und funktionell im Gleichgewicht gehalten werden. Dies kann aber letztlich nur – wie R. Steiner[21,22] vorgeschlagen hat – durch die Installation übergeordneter Gremien («Assoziationen») geschehen, in denen Vertreter aller Gruppen (Konsumenten, Produzenten, Vertreter des Geisteslebens und der Banken) um sachgerechte Lösungen kämpfen und dann die Preise festlegen. Vorbild dafür kann durchaus die Bewegungsregulation durch die Reflexsysteme des Nervensystems sein, die beim gesunden Menschen keine Einseitigkeiten (Verkrampfungen, Tonusschwäche, Lähmungen usw.) erzeugt. Dieses harmonische Miteinander in der Marktsphäre müsste heute erst (z.B. im Rahmen der neu zu schaffenden «assoziativen Wirtschaft», wie A. Caspar[70] es nennt) gelernt werden. Dann hätte man auch das krebsartige Wachstum der heutigen Wirtschaft geheilt und das Chaos der Preismanipulationen überwunden.

Die «Ernährung» des Wirtschaftssystems, d.h. die Quelle für Leben, Wachstum, Regeneration und Entwicklung der Produktionssysteme kommt – wie gesagt – durch den Ideenzufluss aus Wissenschaft und Forschung zustande, d.h. aus dem **Kultur- und Geistesleben**. Auch dieses System ist wiederum dreigegliedert. Man kann einen oberen (Wissenschaft, Forschung), mittleren (Ausbildung, Lehre, Kunst) und einen unteren Bereich (Anwendung, Innovation) unterscheiden. Das Kulturelle und Wissenschaftliche kann sich in der Gesellschaft nur produktiv entwickeln, wenn das Prinzip der Freiheit zur Anwendung kommt. Aber wiederum müssen wir in den drei Bereichen Differenzierungen vornehmen. In der reinen Forschung muss größtmögliche Freiheit herrschen, um Objektivität und Neuentwicklungen zu ermöglichen. In Schulen und Ausbildungsstätten wird neben der Freiheit aber auch Gleichheit eine Rolle mitspielen müssen, um ein harmonisches Arbeitsklima und gegenseitige Anerkennung zu erzeugen. Im unteren Bereich des Kultur- und Geisteslebens spielen aber nicht nur Anwendungen von Entdeckungen, d.h. Innovationen, sondern auch z.B. Religionsausübungen eine Rolle, wobei neben der Freiheit auch Brüderlichkeit, Kooperation und geistiges Miteinander von Bedeutung sind.

Im menschlichen Organismus zeigt uns das Stoffwechselsystem vergleichbare Prozesse. Das Darmsystem bildet im Grunde eine riesige Oberfläche gegenüber der Außenwelt, mit dessen Stoffen wir uns auseinandersetzen. Wir nehmen die Stoffe ja nicht unverändert auf und gestalten daraus unseren Körper, sondern wir bauen sie vollständig ab und synthetisieren sie hinter der Darmwand zu den spezifischen körpereigenen Substanzen und Strukturen. Die Organe lernen dann mit diesen selbst erzeugten Stoffen umzugehen, Wachstum, Regeneration und Lebensprozesse zu unterhalten und gegebenenfalls im Bewegungssystem produktiv einzusetzen.

Innerhalb des sozialen Organismus ist das Kultur- und Geistesleben so etwas wie ein Stoffwechsel- und Ernährungssystem, das durch einen kontinuierlichen Ideenzufluss das wirtschaftliche Wachstum ermöglicht. In den Ausbildungsstätten und Schulen lernen die Menschen, mit den neuen Ideen umzugehen und schließlich Fähigkeiten zu entwickeln, die in der Praxis der Wirtschaft, aber auch im sozialen Miteinander fruchtbar werden können. Die («leibliche») Gesundheit des sozialen Organismus hängt damit entscheidend von den Aktivitäten des Geisteslebens ab, das ihn «ernährt», umgestaltet, regeneriert, d.h. wachsen oder schrumpfen lässt. Die Stoffe, die ihm die Natur liefert, stellen dann so etwas wie die Begabung eines Menschen dar, die er bei der Geburt vorfindet, gewissermaßen geschenkt bekommt und entweder nutzen oder verkommen lassen kann, so wie für den sozialen Organismus die Naturschätze einen naturgegebenen, gewissermaßen unverdienten Reichtum darstellen, der genutzt oder vergeudet werden kann.

Im menschlichen Organismus werden die beiden nach eigenen Gesetzen arbeitenden, polar strukturierten Systeme, Nervensystem und Stoffwechselsystem, erst durch das Respirations- und Herz-Kreislaufsystem zu einer lebensfähigen Ganzheit miteinander verbunden. Durch das zirkulierende Blut kommen alle Organe miteinander in Verbindung und werden in ihren Funktionen harmonisiert.

Im sozialen Organismus übernehmen diese Aufgaben die Organe des **Rechtssystems** sowie schließlich das zirkulierende Geld. Auch das Rechtssystem ist wiederum dreigegliedert in die Judikative (Rechtssprechung), die Legislative (Rechtssetzung) und die Exekutive (Rechtswahrung). Generell sollte hier das Prinzip der Gleichheit zur Anwendung kommen, jedoch müssten, ähnlich wie in den anderen großen Funktionssystemen, in den Teilbereichen auch die anderen Prinzipien mitberücksichtigt werden.

Die Organe der Rechtsprechung sind für die Gesellschaft so etwas wie die Respirationsorgane (Lungen usw.) für den menschlichen Körper. Dadurch, dass wir Sauerstoff einatmen und Kohlensäure ausatmen, halten wir die Organsysteme am Leben. Die unterschiedlichen Aktivitäten der Organe können durch die respiratorischen Prozesse geregelt und harmonisiert werden. In ähnlicher Weise können von einem gesunden Rechtssystem in der Gesellschaft harmonisierende, Ordnung schaffende Impulse ausgehen, bildlich gesprochen entsteht dadurch «frische Luft», die die Menschen frei atmen lässt und Aktivitäten stimuliert. In diktatorisch regierten Staaten wurde die Luft in der Regel sehr bald «stickig», sodass die schöpferischen und sozialen Aktivitäten der Menschen zum Erliegen kamen.

Die Legislative ist das eigentliche Zentrum des sozialen Organismus, so wie im Menschen das Herz-Kreislaufsystem alle Organsysteme zu einer funktionierenden Einheit miteinander verbindet. Ein Ausfall dieses Systems (Herzinfarkt, Blutverluste o. a.) würde den sofortigen Tod bedeuten, wie in der Gesellschaft Anarchie oder revolutionäre Umstürze die Auflösung des Staates zur Folge hätten.

Mit der Exekutive, dem dritten Untersystem des Rechts- und Staatssystems, werden die Aufrechterhaltung der inneren Ordnung und die Struktur der Gesellschaft insgesamt ermöglicht. Dies ist gewissermaßen das Immunsystem der Gesellschaft. Wie das Immunsystem die Fremdelemente abwehrt, die prozessualen Vorgänge im Körper überwacht und letztlich die Eigenstruktur des Organismus bis ins Substanzielle hinein aufrecht erhält, sorgt im Staat die Exekutive für Strukturerhaltung und Harmonisierung des Ganzen. Obwohl natürlich das Prinzip der Gleichheit auch hier zur Anwendung kommen müsste, könnte aber durchaus ein kooperatives Miteinander («Brüderlichkeit») als ergänzendes Prinzip mitberücksichtigt werden.

Wie im menschlichen Organismus das Blut, müsste aber in der Gesellschaft als Ordnung schaffendes, belebendes und Aktivitäten förderndes Element das **Geld** eine zentrale Rolle spielen. Wie das Blut im Körper, zirkuliert auch das Geld, dessen zentrale Eigenschaft wie beim Blut die Liquidität ist (s. D. Suhr[38]), in der Gesellschaft. Es ist heute noch wenig bekannt, dass das Geld drei verschiedene Qualitäten hat, d.h. nicht nur materielle, sondern auch «geistige» Eigenschaften besitzt. Es kann die Realisierung von Ideen, die im Geistesleben entwickelt worden sind, in die Wirtschaft einbringen (Leihgeld, Investitionen), es kann aber auch im Marktbereich als Kaufgeld zirkulieren und drittens im Kultur- und Geistesleben (ohne direkte, materielle Produktivität) «verbraucht» werden (sog. Schenkungsgeld). Wie im menschlichen Organismus Blutdruck und Blutmenge relativ konstant bleiben, sollte auch in der Gesellschaft die Geldmenge konstant gehalten werden und auf die volkswirtschaftliche Wertschöpfung des jeweiligen Wirtschaftsgebietes, d.h. die «Urwertgröße» (nach A. Caspar[70]), die von der geleisteten Arbeit, der Bevölkerungszahl und den Grund- und Bodenverhältnissen abhängt, bezogen werden. Damit würde das Geld seinen Eigenwert verlieren und der heutigen Spekulationswirtschaft, die zu den krebsartigen Wachstumsprozessen in der Wirtschaft geführt hat, der Boden entzogen.

Die hier vorgetragenen Ideen stammen aus der langjährigen Beschäftigung des Autors mit der funktionellen Dreigliederung der Lebensprozesse des menschlichen Organismus. Sie können auch für das Verständnis der vergleichbaren Funktionsprozesse im sozialen Organismus herangezogen werden und Anregungen liefern, die heutigen Fehlentwicklungen zu durchschauen und gegebenenfalls Gesundungsprozesse einzuleiten.

Die genannten «elementaren» Funktionsprinzipien der Gesellschaft (Freiheit, Gleichheit, Brüderlichkeit) stellen natürlich nur allgemeine Richtlinien dar; die Menschen, die sie anwenden, sind jedoch lebendige Wesen, die anpassungs- und entwicklungsfähig sind. Eine Gesundung und Weiterentwicklung unserer Gesellschaft kann daher nur erreicht werden, wenn die Menschen selbst die entscheidenden Funktionsprinzipien nicht nur verstanden haben, sondern auch in lebendiger Weise anzuwenden bereit sind, sodass wieder mehr Menschlichkeit in die Welt hineinkäme.

14. Literatur

1) Ditfurth, Hoimar von, *So lasst uns denn ein Apfelbäumchen pflanzen. Es ist soweit*. Rasch und Röhring Verlag, Hamburg/Zürich, 1985.

2) Buddemeier, Heinz, *Das Problem von Wahrnehmung und Bewusstsein auf dem Hintergrund der Medien– und Hirnforschung*. Bremen 1997. (= Medienkritische Reihe. Bd. 1). Derselbe, *Der Computer und seine Folgen. Individuelle und soziale Folgen der Computernutzung*, Bremen, 1998 (= Medienkritische Reihe, Bd. 2).

3) Hartmann, Otto J., *Der Mensch als Selbstgestalter seines Schicksals*. Vittorio Klostermann Verlag, Frankfurt a.M., 1940.

4) Darwin, Charles, *Über die Entstehung der Arten durch natürliche Zuchtwahl*, 9. Aufl. 1899. Scheizerbart'sche Verlagshandlung, Stuttgart 1899.

5) Rohen, Johannes W. u. Lütjen-Drecoll, E. *Funktionelle Anatomie des Menschen*, 11. Aufl., Schattauer Verlag, Stuttgart, 2005.

6) Rohen, Johannes W., *Morphologie des menschlichen Organismus*, 2. Aufl., Verlag Freies Geistesleben, Stuttgart, 2002.

7) Chossudovsky, Michel, *Global Brutal, der entfesselte Welthandel, die Armut und der Krieg* (Originalausgabe: *The Globalisation of Poverty, Impacts of IMF and World Bank Reforms*). Verlag Zweitausendeins, Frankfurt, 2002, 17. Aufl. 2003.

8) Altvater, Elmar u. Mahnkopf, Birgit, *Globalisierung der Unsicherheit. Arbeit im Schatten, schmutziges Geld und informelle Politik*. Verlag Westfälisches Dampfboot, Münster, 2002.

9) a) Stiglitz, Joseph E., *Die Roaring Nineties. Der entzauberte Boom*. Siedler Verlag, Berlin, 2003.
   b) Stiglitz, Joseph E., *Die Schatten der Globalisierung*. Berlin, 2002.

10) Lietaer, Bernard A., *Das Geld der Zukunft. Über die zerstörerische Wirkung unseres Geldsystems und Alternativen hierzu*. Rieman Verlag, 2002.

11) Perlas, Nicanor, *Die Globalisierung gestalten. Zivilgesellschaft, Kulturkraft und Dreigliederung*. Info 3 Verlag, Frankfurt, 2000.

12) Leber, Stefan (Hrsg.), *Sozialwissenschaftliches Forum*
   Bd. 1: *Das soziale Hauptgesetz*, 1986.
   Bd. 2: *Die wirtschaftlichen Assoziationen*, 1987

Bd. 3: *Wesen und Funktion des Geldes*, 1989

Bd. 4: *Der Staat, Aufgaben und Grenzen*, 1992

Bd. 5: *Eigentum*, 2000

Verlag Freies Geistesleben, Stuttgart.

13) Schäffle, Albert Eberhard Friedrich, *Bau und Leben des sozialen Körpers*. 2. Aufl. 1896, Zitat nach R. Steiner, GA 192, 1919.

14) Meray, C.H., *Weltmutation Schöpfungsgesetze über Krieg und Frieden und die Geburt einer neuen Zivilisation*. Zürich, 1918 (zitiert nach R. Steiner, GA 192), 1919

15) Rohen, Johannes, W., *Funktionelle Neuroanatomie*, 6. Aufl., Schattauer Verlag, Stuttgart, 2001.

16) Steiner, Rudolf, *Die Kernpunkte der sozialen Frage*. Der kommende Tag Verlag, Stuttgart, 1920.

17) Steiner, Rudolf, *In Ausführung der Dreigliederung des sozialen Organismus*. Verlag Der kommende Tag A.G., Stuttgart, 1920.

18) Buchleitner, Karl, *Wer macht die Realität? Das Schicksal der Dreigliederungsidee*. Novalis Verlag AG, Schaffhausen, 1989.

19) Leber, Stefan, *Selbstverwirklichung – Mündigkeit – Sozialität. Eine Einführung in die Idee der Dreigliederung des sozialen Organismus*. Verlag Freies Geistesleben, Stuttgart, 1978.

20) Henrich, Rolf, *Gewalt und Form – In einer vulkanischen Welt*. Raphael Heinrich Verlag, Berlin, 1996.

21) Steiner, Rudolf, *Aufsätze über die Dreigliederung des sozialen Organismus und zur Zeitlage 1915-1921* (GA 24). Verlag der Rudolf Steiner-Nachlassverwaltung, Dornach/Schweiz, 1964.

22) Steiner, Rudolf, *Nationalökonomischer Kurs*. Aufgaben einer neuen Wirtschaftswissenschaft, Band I, 14 Vorträge, Dornach, 24.7. – 6.8.1922 (GA 340); *Nationalökonomisches Seminar*. Aufgaben einer neuen Wirtschaftswissenschaft, Band II, (GA 341), Rudolf Steiner Verlag, Dornach/Schweiz, 1979.

23) Smith, Adam, *An Inquiry into the Nature and Causes of Wealth of Nations*. 1776.

24) Latrille, Wolfgang, *Assoziative Wirtschaft. Ein Weg zur sozialen Neugestaltung. Die pragmatischen Aspekte der sozialen Dreigliederung*. Verlag Freies Geistesleben, Stuttgart, 1985.

25) Issing, Otmar, *Minderheiten im Spannungsfeld von Markt und Regulierung. Marginalien aus theoretischer und historischer Sicht*. Abhandlung Akademie der Wissenschaften und der Literatur, Mainz, Nr. 8, Jg. 1991. Franz Steiner Verlag, Wiesbaden, 1991.

26) Lindenau, Christof, *Soziale Dreigliederung. Der Weg zu einer lernenden Gesellschaft.* Verlag Freies Geistesleben, Stuttgart, 1983.

27) Recktenwald, Horst Claus, *Kritisches zum Selbstverständnis der ökonomischen Wissenschaft.* Abhandlung Akademie der Wissenschaften und der Literatur, Mainz. Franz Steiner Verlag, Wiesbaden, 1989.

28) Bos, Lex, *Was ist Dreigliederung des sozialen Organismus?* Verlag am Goetheanum, Dornach/Schweiz, 1984.

29) Vogel, Diether, *Selbstbestimmung und soziale Gerechtigkeit. Die freiheitliche Ordnung von Kultur, Staat u. Wirtschaft.* Novalis Verlag, Schaffhausen, 1990.

30) Vogel, Heinz Hartmut, Buchleitner, R. u.a., *Die Ordnung der Kultur, des Staates und der Wirtschaft für die Gegenwart. Sieben Thesen.* Herausgegeben vom Arbeitskreis für Sozialwissenschaft, Bad Boll, 1981.

31) Wilken, Folkert, *Die Metamorphosen der Wirtschaft. Eine Neubegründung der Nationalökonomie nach geisteswissenschaftlicher Methode.* Gustav Fischer Verlag, Jena, 1931.

32) Schmundt, Wilhelm, *Der soziale Organismus in seiner Freiheitsgestalt*, 2. Aufl. FIU-Verlag, 1977.

33) Waage, Peter Norman, *Mensch, Markt, Macht. R. Steiners Sozialimpuls im Spannungsfeld der Globalisierung.* Pforte Verlag, Dornach 2003.

34) Mees, Rudolf, *Geld, was ist das eigentlich? Kaufen, Leihen, Schenken, bewusst Handhaben.* Verlag Freies Geistesleben, Stuttgart, 1988.

35) Schweppenhäuser, Hans Georg, *Das kranke Geld, Vorschläge für eine soziale Geldordnung von morgen.* Fischer Taschenbuch Verlag, Frankfurt a.M., 1982.

36) Schweppenhäuser, Hans Georg, *Das Mysterium des Geldes. Geisteswissenschaftliche Erkenntnisse zum Verständnis einer organischen Geldordnung.* Verlag Die Kommenden, Freiburg i.Br., 1981.

37) Kennedy, Margit, *Geld ohne Zinsen und Inflation. Ein Tauschmittel, das jedem dient.* Goldmann Verlag, München, 1990.

38) Suhr, Dieter, *Capitalism at its Best. The Equalization of Moneys Marginal Costs and Benefits.* Augsburg 1989.

39) Wilken, Folkert, *Das Kapital. Sein Wesen, seine Geschichte und sein Wirken im 20. Jahrhundert.* Novalis Verlag AG, Schaffhausen, 1976.

40) Gesell, Silvio, *Die natürliche Wirtschaftsordnung.* 1916. Gesammelte Werke in 19 Bänden, Gauke, 1994.

41) Benjes, Hermann, *Wer hat Angst vor Silvio Gesell? Das Ende der Zinswirtschaft bringt Arbeit, Wohlstand und Frieden für alle*, 4. Aufl. Literaturverlag Dr. Gebhardt und Hilden, Idar-Oberstein, 2002.

42) Vogel, Lothar, *Die Verwirklichung des Menschen im sozialen Organismus. Sozialanthropologische Studien zum Kultur-, Rechts- und Wirtschaftsleben.*

Sonderdruck: Fragen der Freiheit. Eckwälden, 1973. Verlagsauslieferung Martin Sandkühler, Stuttgart, 1973.

43) Matthias, L.L., *Die Kehrseite der USA*. Rowohlt Verlag, Hamburg, 1964.

44) Meadows, Denis, Meadows, Donella, Zahn, Erich, Milling, Peter, *Die Grenzen des Wachstums*. Bericht des Club of Rome zur Lage der Menschheit. Rowohlt Taschenbuch Verlag GmbH, Hamburg, 1973.

45) Cohen, Jean and Avato, Andrees, *Civil Society and Political Theory*.The MIT-Press, Cambridge/Massachusetts/USA, 1994.

46) Schily, Konrad, *Der staatlich bewirtschaftete Geist. Wege aus der Bildungskrise*. Econ Verlag, Düsseldorf, Wien, New York, 1993.

47) Vogel, Heinz Hartmut, *Jenseits von Macht und Anarchie. Die Sozialordnung der Freiheit*. Westdeutscher Verlag, Köln in Opladen, 1963.

48) Marx, Karl, *Das Kapital*. Verlag Dietz, Berlin, 1986.

49) Kossmann, Karl, *Von der Idee zur Wirklichkeit – Lebensbild eines Unternehmers* (Autobiographie). Verlag Natur, Mensch, Medizin, Bad Boll, 2003.

50a) Hamer, Eberhard und Hamer, Eike, *Was passiert, wenn der Crash kommt?*, 4. Aufl., Olzog Verlag, München, 2003.

50b) Hamer, Eberhard und Hamer, Eike (Hrsg.), *Wie kann der Mittelstand die Globalisierung bestehen?*, Anton Verlag, Unna, Schweden, 2005.

51) Steiner, Rudolf, *Quellen für ein neues Rechtsleben*, herausgegeben von Günter Herrmann. Rudolf Steiner Verlag, Dornach, 2000.

52) Schaefer, Werner, *Rudolf Steiner über die technischen Bild- und Tonmedien*. 2. Aufl., Verein für Medien- und Kulturforschung, 1998.

53) Schweppenhäuser, Hans Georg, *Das soziale Rätsel in den Wandlungen der Individuen und der Gesellschaften der Neuzeit*. Verlag am Goetheanum, Dornach/Schweiz, 1985.

54) Strickrodt, Georg, *Die Stiftung als neue Unternehmensform*. Braunschweig, 1951.

55) Beck, Andreas, *Der Untergang der Templer*. Herder Verlag, Freiburg i.Br., 1992.

56) Sippel, Hartwig, *Die Templer*. Amalthea-Verlag, Wien, 1996.

57) Demurger, Alain, *Die Templer, Aufstieg und Untergang*. 4. Aufl. C.H. Beck Verlag, München, 1991.

58) Moewes, Günther, *Geld oder Leben, Umdenken und unsere Zukunft nachhaltig sichern*. Signum Verlag, Wien, München, 2004.

59) Groll, Franz, *Wie das Kapital die Wirtschaft ruiniert. Der Weg zu einer ökologisch-sozialen Gesellschaft*. Riemann Verlag, München, 2004.

60) Gräfin Dönhoff, Marion, *Namen, die keiner mehr nennt. Ostpreußen – Menschen und Geschichte*. Eugen Diederichs Verlag, München, 2004.

Johannes W. Rohen

Morphologie des menschlichen Organismus

Entwurf einer goetheanistischen Gestaltlehre des Menschen

436 Seiten mit 273 teils farbigen
Zeichnungen, gebunden

Johannes W. Rohen stellt erstmals die inneren Zusammenhänge des menschlichen Organismus umfassend dar. Aufbauend auf der funktionellen Dreigliederung des menschlichen Organismus werden alle Organsysteme, z. T. auch unter Einbeziehung phylogenetischer Entwicklungsprozesse, in ihrer inneren dreigliedrigen Funktionsdynamik beschrieben und zueinander in Beziehung gesetzt, sodass ihre Wesenszüge und Qualitäten erlebbar werden.

«Insgesamt ein mutiges und wegweisendes Buch ... Ein Grundlagenbuch, das gefehlt hat!»   *Naturheilpraxis*

«Das fachlich hoch qualifizierte Werk ist kein Fachbuch im üblichen Sinn. Es zielt weit über die Fachdisziplin der Anatomie hinaus. Rohen schlägt in der Beschreibung der menschlichen Gestalt die Brücke zu dem Problem und der Frage des Leibes im Neuen Testament, im Christentum überhaupt.»   *Die Drei*

Verlag Freies Geistesleben

Udo Herrmannstorfer

Schein-Marktwirtschaft

Arbeit, Boden, Kapital und die Globalisierung der Wirtschaft

229 Seiten, kartoniert

Udo Herrmannstorfer weist anhand konkreter Beispiele auf soziale Fehleinstellungen hin, die durch eine Umorientierung in Richtung einer assoziativen Wirtschaftsweise überwunden werden könnten. In der erweiterten Neuauflage dieses viel beachteten Buches geht der Autor auch der zunehmenden Globalisierung der Wirtschaft sowie dem gegenwärtig brennenden Problem der Arbeitslosigkeit nach.

«Das macht das Buch von Herrmannstorfer so spannend: Er entdeckt Scheinfreiheiten, die aber neue Möglichkeiten bieten: Der Boden kann, da er nicht erneuerbar ist, nur gebraucht, nicht dagegen verbraucht werden ... und das hat Konsequenzen ... Herrmannstorfers Ideen könnten zündelnd wirken.» *Die Zeit*

«Ein empfehlenswertes Buch mit sehr konkreten Visionen.»

connection

Verlag Freies Geistesleben